胜道

SHENGDAO

Zhongguo Gongchandang Guoqu Weishenme Chenggong
Weilai Zenyang Jixu Chenggong

中国共产党过去为什么成功 未来怎样继续成功

陈小明 主编

时晨 苏玉 刘鹏 卓世雄 副主编

人民东方出版传媒
People's Oriental Publishing & Media
東方出版社
The Oriental Press

图书在版编目（CIP）数据

胜道：中国共产党过去为什么成功　未来怎样继续成功 / 陈小明主编 . —北京：东方出版社，2023.3
ISBN 978-7-5207-2951-2

Ⅰ . ①胜…　Ⅱ . ①陈…　Ⅲ . ①中国共产党—党的领导—研究 ②中国共产党—党的建设—研究　Ⅳ . ① D23 ② D26

中国版本图书馆 CIP 数据核字（2022）第 159508 号

胜道：中国共产党过去为什么成功　未来怎样继续成功
（SHENGDAO ZHONGGUO GONGCHANDANG GUOQU WEISHENME CHENGGONG WEILAI ZENYANG JIXU CHENGGONG）

主　　编：陈小明
责任编辑：孔祥丹
责任校对：曾庆全
出　　版：东方出版社
发　　行：人民东方出版传媒有限公司
地　　址：北京市东城区朝阳门内大街 166 号
邮　　编：100010
印　　刷：三河市龙大印装有限公司
版　　次：2023 年 3 月第 1 版
印　　次：2023 年 3 月北京第 1 次印刷
开　　本：710 毫米 ×1000 毫米　1/16
印　　张：14
字　　数：156 千字
书　　号：ISBN 978-7-5207-2951-2
定　　价：49.80 元
发行电话：（010）85924663　85924644　85924641

目　录

第四章　坚持理论创新

第五章　坚持独立自主

第六章　坚持中国道路

第一章

百年大党的成功密码

百年苦难辉煌，百年伟大跨越。1921 年 7 月，在中华民族经历了鸦片战争以来灾难深重、备尝艰辛的 81 年之后，中国共产党肩负民族复兴的希望应运而生，这是开天辟地的大事变。中国共产党的诞生，深刻改变了近代以后中华民族发展的方向和进程，深刻改变了中国人民和中华民族的前途和命运，深刻改变了世界发展的趋势和格局。从建党之初只有 50 多名党员的小党，发展成为拥有 9600 多万名党员、在 14 亿多人口的大国长期执政的大党，中国共产党在从小到大、由弱到强的壮丽征程中，带领中国人民迎来了从站起来、富起来到强起来的伟大跨越，建立了彪炳史册、光耀千秋的历史功勋，积累了弥足珍贵的历史经验，不断从胜利走向新的更伟大的胜利。

[一]

中国共产党百年奋斗的历史意义

党的十九届六中全会通过的《中共中央关于党的百年奋斗重大成就和历史经验的决议》从历史逻辑、理论逻辑、实践逻辑相统一的高度，从对中国人民、对中华民族、对马克思主义、对人类进步事业、对马克思主义政党建设所作的历史性贡献5个方面，全面、深刻、系统地阐述了我们党百年奋斗的历史意义，展现了中国共产党人不忘本来、吸收外来、面向未来的自信和担当。

党的百年奋斗从根本上改变了中国人民的前途命运。1840年以后，中国山河破碎、积贫积弱，中国人民生活在水深火热之中，深受“三座大山”压迫，被西方列强辱为“东亚病夫”。孙中山在1924年《中国国民党第一次全国代表大会宣言》中曾指出，“自辛亥革命以后，以迄于今，中国之情况不但无进步可言，且有江河日下之势”，“不止吾国人政治上之生命为之剥夺，即经济上之生命亦为之剥夺无余矣”。[①] 中国共产党一经诞生，就把为人民谋幸福写在自己的旗帜上，强调党应当是“无产阶级中最有革命精神的广大群众组织起来为无产阶级之利益而奋斗的政党”[②]。100多年来，党领导人民经过波澜壮阔的伟大斗争，中国人民彻底摆脱了被欺负、被压迫、被奴役的命运。1969年初，不满16周岁的习近平到陕北黄土地上当了一名知青。他曾经饿着肚子问周围的老百姓：“你们觉得什么样的日子算幸福生活？”老百姓讲了3个目标：第一个目标是希望不再要饭，能吃饱肚子。别管吃什么，半年糠菜半年粮也好。第二个目标是吃“净颗子”，也就是能吃上纯高粱米、玉米面。第三个目标是“想吃细粮就吃细粮，还能经常吃肉”。淳朴的乡亲们认为第三个目标有点高不可攀了，说是“下辈子的愿望”。谁承想，在中国

①《孙中山选集》（下），人民出版社2011年版，第611、610—611页。

② 中共中央文献研究室、中央档案馆编：《建党以来重要文献选编（一九二一——一九四九）》第一册，中央文献出版社2011年版，第162页。

共产党的领导下，中国人民艰苦奋斗、自力更生，这三个目标早已变成现实，日子一天比一天过得更好。2021 年，我们党汇聚全党全国全社会力量，如期打赢脱贫攻坚战，全面建成小康社会，实现了第一个百年奋斗目标。中国人均 GDP 已突破 1 万美元大关；2019 年全国居民恩格尔系数降至 28.2%，进入联合国划分的 20%—30% 的富足区间。

党的百年奋斗开辟了实现中华民族伟大复兴的正确道路。中华民族在长达数千年的历史长河中，曾经长期走在世界前列，创造了多个领先于世界的繁荣盛世。但由于封建统治者闭关锁国、腐败无能，西方资本主义国家的坚船利炮，使中华民族遭遇到文明难以赓续的深重危机，呈现出一派衰败凋零的景象。波涛拍岸的长江南京段，历史以惊人的巧合，见证了给中华民族带来完全不同感受的两次英国军舰事件。第一次是 1842 年 8 月 29 日，在英国军舰“康沃利斯”号的甲板上，清政府代表和英国代表签署了中国近代史上第一个不平等条约——《南京条约》。签约结束后，英国代表得意洋洋地用“康沃利斯”号发射礼炮来庆祝自己在鸦片战争中取得的“胜利”。声声礼炮宣告一段令中华民族无比屈辱历史的开始，西方列强只需要开来几艘炮舰、在海岸上架起几尊大炮，就可以肆意侵占中国的主权和利益。中国近代史上的深重苦难，自此拉开帷幕。第二次是 1949 年 4 月 20 日，人民解放军即将发起渡江作战，英国“紫石英”号军舰不顾解放军警告，强行溯江上驶，闯进我军长江防线。双方发生激烈炮战，“紫石英”号遭到重创后搁浅。英国军舰“伴侣”号从南京驰援，也被我军击伤，被迫逃窜。次日，英国远东舰队副总司令梅登中将率旗舰“伦敦”号和快速舰“黑天鹅”号溯江而上，又被我军炮火击伤，被迫东逃。4月30日，我军发表严正声明，要求英方道歉和赔偿损失，并要求英国、美国、法国在长江、黄浦江和在中国其他各处的军舰、军用飞机、陆战队等武装力量，迅速撤离中国的领水、领海、领土、领空。这标志着一个时代的结束，帝国主义者靠着船坚炮利在中国横行霸道的日子一去不复返了。在中国共产党的坚强领导下，中国人民不懈奋斗、不断进取，使中国从四分五裂、一盘散沙到高度统一、民族团结，从积贫积弱、一穷二白到全面小康、繁荣富强，从被动挨打、饱受欺凌到独立自主、坚定自信，仅用几十年时间就走完发达国家几百年走过的工业化历程，创造了经济快速发展和社会长期稳定的两大奇迹。今天，中华大地到处是一派欣欣向荣的气象，中华民族正以不可阻挡的步伐迈向伟大复兴。

党的百年奋斗展示了马克思主义的强大生命力。习近平总书记在党的二十大报告中指出："实践告诉我们，中国共产党为什么能，中国特色社会主义为什么好，归根到底是马克思主义行，是中国化时代化的马克思主义行。"马克思主义是认识世界、改造世界的科学真理，犹如壮丽的日出，照亮了人类探索历史规律和寻求自身解放的道路。在马克思主义指导下，列宁领导的俄国十月革命取得胜利，人类历史上第一个社会主义国家成立，开创了历史新纪元。在马克思主义指导下，一大批社会主义国家在第二次世界大战结束后诞生，特别是1949年中华人民共和国的成立，极大地壮大了世界社会主义力量，彻底瓦解了帝国主义的殖民体系。我们党坚持把马克思主义基本原理同中国具体实际相结合、同中华优秀传统文化相结合，不断推进马克思主义中国化时代化，使马克思主义始终迸发出勃勃生机。马克思主义中国化第一次历史性飞跃的理论成果是毛泽东思想，为中国革命的胜利、中华人民共和国的成立、社会主义制度的建立、现代化建设道路的探索提供了科学指引。包括邓小平理论、"三个代表"重要思想、科学发展观在内的中国特色社会主义理论体系的形成，实现了马克思主义中国化新的飞跃。在这一理论体系的指引下，我国改革开放和社会主义现代化建设取得举世瞩目的伟大成就，实现了从生产力相对落后的状况到经济总量跃居世界第二的历史性突破，实现了人民生活从温饱不足到总体小康、奔向全面小康的历史性跨越，推进了中华民族从站起来到富起来的伟大飞跃。习近平新时代中国特色社会主义思想是当代中国马克思主义、21 世纪马克思主义，是中华文化和中国精神的时代精华，实现了马克思主义中国化时代化新的飞跃。在习近平新时代中国特色社会主义思想指引下，我们党以伟大的历史主动精神、巨大的政治勇气、强烈的责任担当，统筹国内国际两个大局，全面贯彻党的基本理论、基本路线、基本方略，统揽伟大斗争、伟大工程、伟大事业、伟大梦想，坚持稳中求进工作总基调，采取一系列战略性举措，推进一系列变革性实践，实现一系列突破性进展，取得一系列标志性成果，经受住了来自政治、经济、意识形态、自然界等方面的风险挑战考验，党和国家事业取得历史性成就、发生历史性变革，推动我国迈上全面建设社会主义现代化国家新征程。马克思主义中国化时代化不断取得成功，使马克思主义的科学性和真理性在中国得到充分检验，马克思主义的人民性和实践性在中国得到充分贯彻，马克思主义的开放性和时代性在中国得到充分彰显，使世界范围内社会主义和资本主义两种意识形态、两种社会制度的历史演进及其较量发生了有利于社会主义的重大转变。

党的百年奋斗深刻影响了世界历史进程。中国共产党既是为中国人民谋幸福、为中华民族谋复兴的政党，也是为人类谋进步、为世界谋大同的政党，党和人民事业是人类进步事业的重要组成部分。中国共产党带领人民成功开创了中国特色社会主义道路，使中国在较短时间内以世界历史上少有的速度持续快速地发展起来，取得巨大成功。2017年11月7日，十月革命胜利100周年时，俄罗斯《真理报》发表文章指出，中国的成就让人们依然相信“十月光芒”。所谓“十月光芒”，就是以马克思主义为指导的中国道路的光芒。波黑“一带一路”促进与发展中心主任法鲁克·博里奇表示，“历史非但没有终结”，中国高举社会主义旗帜，走出了一条截然不同于西方自由民主模式的特色道路。中国通过社会主义道路实现现代化的方式，打破了西方国家对于只有资本主义才能通向现代化的“谜之自信”，打破了发展中国家照抄照搬西方发展模式的“路径依赖”，开启了各种制度并存、竞争的多元时代。中国共产党领导人民成功走出中国式现代化道路，创造了人类文明新形态，拓展了发展中国家走向现代化的途径，给世界上那些既希望加快发展又希望保持自身独立性的国家和民族提供了全新选择。党推动构建人类命运共同体，为解决人类重大问题，建设持久和平、普遍安全、共同繁荣、开放包容、清洁美丽的世界贡献了中国智慧、中国方案、中国力量，成为推动人类发展进步的重要力量。

党的百年奋斗锻造了走在时代前列的中国共产党。近代以后，人类社会进入政党政治时代，政党在引领社会变革的历史进程中起着极其重要的作用。一个政党是否先进纯洁、是否有战斗力，是其事业成败的关键。20世纪末期，在一些国家和地区，曾经长期单独连续执政的大党、老党纷纷丢失了执政地位，比如墨西哥革命制度党和苏联、东欧地区的共产党等，教训十分深刻。中国共产党为什么能够保持长期执政地位，为什么能够带领人民取得党和国家事业的巨大成功？最根本的原因就是锻造了始终走在时代前列的中国共产党。我们党之所以能够在经历了革命的腥风血雨、建设的艰难曲折、改革的波澜壮阔之后，始终保持奋勇向前的姿态，原因就在于我们党始终坚持性质宗旨，坚持理想信念，坚守初心使命，勇于自我革命，在生死斗争和艰苦奋斗中经受住了各种风险考验、付出了巨大牺牲，锤炼出了鲜明的政治品格，形成了以伟大建党精神为源头的精神谱系，保持了党的先进性和纯洁性，党的执政能力和领导水平不断提高。我们党在历史上经历过多次错误，但是我们每一次都依靠党而不是离开党纠正了自己的错误。党的七大会址“坚持真理，修正错误”的标语，深刻诠释了我们党在同各种错误路线、错误理论、错误观点的较量中愈战愈强，不断在“赶考”路上交出优异答卷的根本原因。

[二]

中国共产党历来高度注重总结历史经验

历史就是过去发生的事实，以史为鉴，可以知兴替。我们党每到重要历史时刻和重大历史关头，都要回顾历史、总结经验，从历史中汲取智慧和力量。在百年征程中，我们党一共进行了三次全党范围内深入系统的历史回顾，形成了三个历史决议。

第一个历史决议是1945年党的六届七中全会通过的《关于若干历史问题的决议》。我们党历来重视党史工作，在党成立后不久，蔡和森、瞿秋白、李立三、邓中夏等人都对党的早期历史进行了总结和研究，但从总体上看，这些研究还处于自发、零星的状态，缺乏全党范围内系统深入的研究和总结。全党范围的自觉的历史总结是从延安整风开始的。整风之初，毛泽东就提出“修史”的问题。1944年5月，中央书记处会议决定成立党内历史问题决议准备委员会，任弼时负责起草关于党的若干历史问题的报告，后来张闻天又对初稿进行了改写。1945年，毛泽东在张闻天修改稿的基础上亲自动手改了7次，题目改为《关于若干历史问题的决议》（草案），着重对“左”倾错误路线的具体内容、深刻的社会根源等进行了分析。在《决议》草案起草过程中，党的高级干部根据中央安排积极参与，进行了多次讨论，提出很多意见。党中央、毛泽东和党的历史问题决议起草委员会认真研究、广泛吸收了这些意见。毛泽东指出，这个决议案“三番五次，多少对眼睛看，单是中央委员会几十对眼睛看还不行，七看八看看不出许多问题来，而经过大家一看，一研究，就搞出许多问题来了”[①]。“没有大家提意见，我一个人就写不出这样完备的文件。”[②] 因此，这份《决议》是全党共同努力的结晶。《决议》第一次以党内文件的形式，对建党以后特别是党的六届四中全会至

① 《毛泽东文集》第三卷，人民出版社1996年版，第295页。

② 胡乔木：《胡乔木回忆毛泽东》，人民出版社1994年版，第321页。

遵义会议前这一段党的历史及其经验教训进行了总结，对若干重大历史问题作出了结论，使全党特别是党的高级干部对中国革命基本问题的认识达到了一致，增强了全党团结，为党的七大胜利召开创造了充分条件，有力地促进了中国革命事业发展。《决议》运用历史唯物主义和辩证唯物主义的立场、观点、方法，极其郑重地对待党的历史问题，非常庄重地表明党对于历史问题的基本观点，为我们党正确地总结历史树立了典范。

第二个历史决议是 1981 年党的十一届六中全会通过的《关于建国以来党的若干历史问题的决议》。进入改革开放和社会主义现代化建设新时期，我们党全面拨乱反正，全党迫切希望对新中国成立以来党的重大历史问题作出结论，以便于统一全党的思想。1979 年 11 月，党中央决定着手起草《关于建国以来党的若干历史问题的决议》。邓小平亲自担任起草《决议》的主持人，先后 10 多次召集起草组开会，对起草工作发表了许多重要指示。邓小平强调："历史上成功的经验是宝贵财富，错误的经验、失败的经验也是宝贵财富。这样来制定方针政策，就能统一全党思想，达到新的团结。这样的基础是最可靠的。"[①] 在《决议》的起草过程中，党中央集思广益，充分发扬民主。1980 年 10 月，党中央组织了全党高级干部 4000 人的讨论，吸收很多好的重要的意见。在此基础上，召开政治局扩大会议，40 多位同志参与讨论。党的十一届六中全会预备会议又对《决议》进行了充分讨论。因此，这份《决议》充分反映了全党的共识。《决议》充分肯定了毛泽东的历史地位，鲜明坚持和发展毛泽东思

①《邓小平文选》第三卷，人民出版社 1993 年版，第 234—235 页。

想，客观公正地评价了一些负责同志的功过是非，对新中国成立以来党的重大历史问题作了基本的总结，纠正了“左”、右两方面的错误观点，统一了全党思想。《决议》标志着党在指导思想上的拨乱反正胜利完成，对推动党团结一致向前看、更好推进改革开放和社会主义现代化建设产生了重大影响。

第三个历史决议是2021年党的十九届六中全会通过的《中共中央关于党的百年奋斗重大成就和历史经验的决议》。2021年，距离第一个历史决议制定已经过去了76年，距离第二个历史决议制定也过去了40年。40年来，党和国家事业大大向前发展了，党的理论和实践也大大向前发展了。站在新的历史起点上，回顾过去，展望未来，全面总结党的百年奋斗重大成就和历史经验特别是改革开放40多年来的重大成就和历史经验，既有客观需要，也具备主观条件。2021年3月，以习近平同志为核心的党中央作出历史性、战略性决策：中央政治局常委会、中央政治局先后召开会议决定，党的十九届六中全会重点研究全面总结党的百年奋斗重大成就和历史经验问题，成立文件起草组起草相关文件，习近平总书记亲自担任文件起草组组长。党中央认为，在党成立100周年的重要历史时刻，在党和人民胜利实现第一个百年奋斗目标、全面建成小康社会，正在向着全面建成社会主义现代化强国的第二个百年奋斗目标迈进的重大历史关头，全面总结党的百年奋斗重大成就和历史经验，对推动全党进一步统一思想、统一意志、统一行动，团结带领全国各族人民夺取新时代中国特色社会主义新的伟大胜利，具有重大现实意义和深远历史意义。这份《决议》的起草弘扬与发展了前两个历史决议发扬民主、集思广益的优良传统。4月1日，党中央发出《关于对党的十九届六中全会重点研究全面总结党的重大成就和历史经验问题征求意见的通知》，在党内外一定范围征求意见。20 多天内，各地区各部门各方面共提出 109 份意见建议，文件起草组整理形成 75.3 万字的汇总本并予以充分吸纳。9 月 6 日，根据中央政治局会议决定，决议征求意见稿下发党内一定范围征求意见，包括征求党内部分老同志意见，还专门听取了各民主党派中央、全国工商联负责人和无党派人士代表意见，共收到 1600 余条意见和建议，决议稿初步增写、改写、精简文字共计 547 处，反馈意见吸收率达 24.6%。在决议稿起草过程中，中央政治局常委会召开 3 次会议、中央政治局召开 2 次会议进行审议。在党的十九届六中全会上，与会同志分成 10 个小组，围绕中央政治局工作报告和决议讨论稿深入讨论，共提出修改意见 138 条。文件起草组根据这些意见，建议对讨论稿作出 22 处修改。因此，这份《决议》同样是一份凝聚了全党智慧和共识的好文件。《决议》坚持了前两个历史决议关于党的历史上重大事件、重要会议、重要人物的基本论述和结论，并充实了党中央对党的百年奋斗的新认识。《决议》突出了中国特色社会主义新时代这个重点，高度概括了新时代党和国家事业取得的历史性成就、发生的历史性变革和积累的新鲜经验，有利于引导全党进一步坚定信心，聚焦我们正在做的事情，以更加昂扬的姿态迈进新征程、建功新时代。

〔三〕

“十个坚持”具有根本性和长远指导意义

《中共中央关于党的百年奋斗重大成就和历史经验的决议》把我们党在百年奋斗中形成的历史经验鲜明凝炼为“十个坚持”：坚持党的领导，坚持人民至上，坚持理论创新，坚持独立自主，坚持中国道路，坚持胸怀天下，坚持开拓创新，坚持敢于斗争，坚持统一战线，坚持自我革命。“十个坚持”来之不易，是我们党备尝艰辛、饱经风雨的实践积累，是党和人民共同创造的精神财富，是“过去我们为什么能够成功”的深刻总结，是“未来我们怎样才能继续成功”的行动指南，对于党和国家事业具有根本性和长远指导意义。

“十个坚持”揭示了党和人民事业不断成功的根本保证。“十个坚持”首要的一条，就是坚持党的领导，这是从中华民族百年复兴史、中国共产党百年奋斗史中得出的最为重要的结论。没有共产党，就没有新中国，就没有中国特色社会主义。正是因为有了党的领导，在复兴道路上苦苦追寻的中华民族，从此就有了坚强可靠的主心骨，实现中华民族伟大复兴就有了根本政治保证。在党的领导下，中华儿女推翻了“三座大山”，实现了从新民主主义到社会主义的转变，探索了中国特色社会主义的道路；在党的领导下，中国特色社会主义进入新时代，胜利实现第一个百年奋斗目标，成功开启实现第二个百年奋斗目标的历史新征程。历史和实践雄辩地证明，中国共产党领导是中国特色社会主义最本质的特征，是中国特色社会主义制度的最大优势，是党和国家的根本所在、命脉所在，是全国各族人民的利益所系、命运所系。在坚持党的领导这个重大原则问题上，我们脑子要特别清醒、眼睛要特别明亮、立场要特别坚定，决不能有任何含糊和动摇。

“十个坚持”揭示了我们党始终立于不败之地的力量源泉。我们党始终保持强大战斗力、凝聚力、创造力的源泉主要有：一是坚持人民至上，从人民群众中汲取力量。习近平总书记指出：“江山就是人民、人民就是江山，打江山、守江山，守的是人民的心。”[①]人民群众始终是我们的立党之本、执政之基、力量之源。党团结带领人民进行革命、建设、改革，根本目的就是让人民过上好日子。在抗击新冠病毒感染疫情斗争中，我们为了保护人民生命安全和身体健康可以不惜一切代价，在全国范围调集最优秀的医生、最先进的设备、最急需的资源，对上至百岁老人、下至刚刚出生的婴儿患者予以全力救治，充分彰显了人民至上的价值追求。二是坚持胸怀天下，从人类命运共同体中汲取力量。中华民族素有“天下大同”“协和万邦”的传统，我们党在马克思主义指导下，弘扬与发展了天下情怀，鲜明地把实现共产主义写在自己的旗帜上，始终把为人类作出新的更大贡献作为使命。党的十八大以来，习近平总书记提出推动构建人类命运共同体，对中国共产党一以贯之的“天下观”作了重大创新发展，为团结世界大多数国家抗击保护主义、单边主义和霸凌行

① 习近平：《在庆祝中国共产党成立100周年大会上的讲话》，人民出版社2021年版，第11页。

径提供了思想引领，“构建人类命运共同体”理念多次被写入联合国决议，得到了广泛赞誉和充分支持。三是坚持统一战线，从最广泛的团结中汲取力量。党的三大确立了与国民党实行党内合作，建立革命统一战线的方针。在百年征程中，我们党始终不断巩固和发展最广泛的统一战线，团结一切可以团结的力量，调动一切可以调动的积极因素，最大限度地凝聚了革命的、进步的力量，使之成为战胜强大敌人、夺取革命胜利的“三大法宝”之一。习近平总书记强调:“统一战线是党的事业取得胜利的重要法宝，必须长期坚持。”[①]面对世界百年未有之大变局，我们必须牢牢把握大团结大联合的主题，坚持一致性和多样性统一，找到最大公约数，画出最大同心圆，凝聚起实现中华民族伟大复兴的磅礴力量。

“十个坚持”揭示了我们党始终掌握历史主动的根本原因。掌握历史主动的前提，是准确分析历史动因、科学把握并自觉遵循历史发展规律。我们党始终坚持理论创新，把马克思主义基本原理同中国具体实际相结合，创立了毛泽东思想，创立了邓小平理论，形成了“三个代表”重要思想，形成了科学发展观。进入新时代，以习近平同志为主要代表的中国共产党人，坚持把马克思主义基本原理同中国具体实际相结合、同中华优秀传统文化相结合，创立了习近平新时代中国特色社会主义思想，使马克思主义始终保持了强大生命力、影响力；不断用马克思主义中国化时代化的最新成果武装全党、教育人民、指导实践，使马克思主义的科学真理不断迸发出实践伟力。我们党始终坚持独立自主，在革命、建设、改革各个

① 《习近平谈治国理政》第三卷，外文出版社 2020 年版，第 31 页。

历史时期，坚持从我国国情出发，探索并形成了符合中国实际的新民主主义革命道路、社会主义改造和社会主义建设道路、中国特色社会主义道路，这种独立自主的探索精神，使我们党在风云变幻中保持坚定与清醒，敏锐把握历史大势、紧紧抓住时代契机，始终站在历史正确的一边。党的百年奋斗证明，中国特色社会主义道路，开拓于中国人民共同奋斗，扎根于中华大地，是给中国人民带来幸福安宁的正确道路。无论遇到什么风浪，在坚持中国特色社会主义道路这个根本问题上，我们都要一以贯之，决不因各种杂音噪音而改弦更张。

“十个坚持”揭示了我们党永葆先进性和纯洁性、始终走在时代前列的根本途径。越是伟大的事业，越充满艰难险阻，越需要弘扬开拓创新、敢于斗争的精神，越需要加强自身建设。100 多年来，我们党始终坚持开拓创新。党领导人民不断推进理论创新、实践创新、制度创新、文化创新以及其他各方面创新，走出了前无古人的中国式革命、建设、改革之路，创造了新民主主义革命的伟大成就、社会主义革命和建设的伟大成就、改革开放和社会主义现代化建设的伟大成就、新时代中国特色社会主义的伟大成就，书写了中华民族几千年历史上最恢宏的史诗。改革开放之初，一些国际舆论对我们党推进全方位大力度的改革持怀疑态度，认为“能让一个人口众多的民族在极短时间内来个 180 度大转弯，就如同让航空母舰在硬币上转圈，难以置信”，然而，随着中国持续推进一项项重大改革举措，随着国家综合实力持续快速增长，这种怀疑逐渐消散。1992 年，美国《时代》周刊专门刊发文章，写道：“‘航空母舰’在 13 年里转了第二圈。”这是对中国共产党开拓创新能力的高度评价。100 多年来，我们党始终坚持敢于斗争。党从一诞生开始，就面临着内忧外患、民族危难的考验，正是靠着不畏强敌、不惧风险、敢于斗争，才求得生存、获得发展、赢得胜利。敢于斗争、敢于胜利，是党和人民不可战胜的强大精神力量。我们党依靠斗争走到今天，也必然要依靠斗争赢得未来。实现中华民族伟大复兴，绝不是轻轻松松、敲锣打鼓就能实现的，全党必须在具有许多新的历史特点的伟大斗争中，付出更为艰巨、更为艰苦的努力。100 多年来，我们党始终坚持自我革命。自我革命是中国共产党区别于其他政党的显著标志，是中国共产党最鲜明的品格和最大的优势。党的十八大以来，面对“四大考验”日益严峻、“四种危险”更加尖锐的形势，以习近平同志为核心的党中央以巨大的政治智慧与政治勇气推进全面从严治党，以刀刃向内、壮士断腕的意志与力量清除消极腐败现象，持续营造风清气正的良好政治生态，从根本上扭转了党的领导弱化、党的建设缺失、管党治党不力的状况，使党恢复了蓬勃朝气。全面从严治党永远在路上，我们要以彻底的自我革命精神，坚决清除一切损害党的先进性和纯洁性的因素，清除一切侵蚀党的健康肌体的病毒，确保党永远不变质、不变色、不变味，确保党始终成为中华民族伟大复兴的坚强领导核心。

第二章

坚持党的领导

习近平总书记强调：“以史为鉴、开创未来，必须坚持中国共产党坚强领导。”“新的征程上，我们必须坚持党的全面领导，不断完善党的领导，增强‘四个意识’、坚定‘四个自信’、做到‘两个维护’，牢记‘国之大者’，不断提高党科学执政、民主执政、依法执政水平，充分发挥党总揽全局、协调各方的领导核心作用！”[①] 坚持中国共产党坚强领导，是我们党百年奋斗取得的最宝贵的历史经验，不仅关系着党和国家建设的根本和命脉，而且关系着中华民族最广大人民群众的根本利益和前途命运。

［一］

没有中国共产党，就没有中华民族伟大复兴

《中共中央关于党的百年奋斗重大成就和历史经验的决议》指出：“中国共产党是领导我们事业的核心力量。中国人民和中华民族

---

① 习近平：《在庆祝中国共产党成立 100 周年大会上的讲话》，人民出版社 2021 年版，第 10、11 页。

之所以能够扭转近代以后的历史命运、取得今天的伟大成就，最根本的是有中国共产党的坚强领导。历史和现实都证明，没有中国共产党，就没有新中国，就没有中华民族伟大复兴。”了解历史才能看得远，理解历史才能走得远。我们只有从党的百年奋斗中看清楚过去我们为什么能够成功、弄明白未来我们怎样才能继续成功，才能在实现中华民族伟大复兴的征程上牢记初心和使命，更加坚定、更加自觉地开创美好未来。

中国共产党是中国旧社会的终结者。落后就要挨打。1840 年 6 月 28 日，急于向海外扩张的欧洲资本主义强国英国借口“保护通商口岸”，悍然发动侵华战争，鸦片战争爆发。腐朽落后的清军虽有数量上的优势，又在本土作战，却抵挡不住英军坚船利炮的猛烈进攻，广州、厦门、定海、镇海（今属宁波）、宁波、上海、镇江相继失陷。1842 年 8 月，英军逼迫清政府订立了中国近代历史上第一个丧权辱国的不平等条约《南京条约》。中国割让香港岛，开放广州、福州、厦门、宁波、上海为通商口岸，赔款 2100 万银元。鸦片战争成为中国历史的转折点，中国开始逐渐沦为半殖民地半封建社会，开始了屈辱而悲壮的近代历史。此后，西方侵略者变本加厉，纷至沓来，穷凶极恶地对中国发动一次又一次战争。中法战争、中日甲午战争、八国联军侵华战争……山河破碎、民不聊生，中华民族面临着空前严重的民族危机，中国面临着亡国灭种的威胁。“救亡图存！”面对国家蒙辱、人民蒙难、文明蒙尘，中国人民奋起反抗，仁人志士奔走呐喊。诗句“四万万人齐下泪，天涯何处是神州”，道出了无数仁人志士的爱国之情、忧国之心。然而，各种“主义”、各种“方案”，都尝试过了，但都以失败收场。不管是农民阶级，还是资产阶级改良派、革命派，受制于其阶级自身固有的局限性，都不能领导中国的民主革命取得胜利，更不可能领导人民群众推翻帝国主义和封建主义的沉重压迫。随着十月革命在俄国取得胜利，中国的先进分子从中看到了希望，也在马克思列宁主义的科学真理中找到了中华民族的出路。随着马克思列宁主义在中国的传播，中国的工人运动如火如荼地展开，中国共产党应运而生。中国共产党自诞生之日起，就扛起了民族独立和人民解放这一历史重任，把马克思列宁主义基本原理同中国具体实际相结合，团结带领中国人民，经过28年艰苦卓绝的不懈奋斗，终于推翻了压在中国人民头顶的“三座大山”，结束了近代中国的屈辱历史，建立了新中国。在历史的紧要关头，中国共产党成为中国旧社会的终结者，也成为苦难深重的中华民族的拯救者。这彪炳史册的功勋，验证了一条颠扑不破的真理：没有共产党，就没有新中国。

中国共产党是中国现代社会发展的推动者。谁能真正代表人民的利益，和人民一起奋斗、一起牺牲、一起创造，人民就会选择谁、跟谁干。100多年来，中国共产党从未忘记“为中国人民谋幸福、为中华民族谋复兴”的初心和使命。在中国共产党的坚强领导下，全国各族人民团结一心，开拓进取，国家从封闭落后迈向开放进步，从温饱不足迈向全面小康，从“一穷二白”迈向繁荣富强，中华民族迎来了从站起来、富起来到强起来的伟大飞跃。面对新中国刚刚成立时满目萧条、百废待兴的情景，毛泽东曾深有感触地说：“现在我们能造什么？能造桌子椅子，能造茶碗茶壶……但是，一辆汽车、一架飞机、一辆坦克、一辆拖拉机都不能造。”[①] 如今，我国是世界第二大经济体、制造业第一大国、货物贸易第一大国、商品消费第二大国、外资流入第二大国、外汇储备第一大国，综合国力和国际影响力实现了历史性跨越。我们党坚持用制定五年计划（规划）的办法领导经济建设的实践。在第一个五年计划开始之前的1952年，我国国内生产总值仅为679亿元；经过艰苦努力，在第十四个五年规划开始之前的2020年，尽管新冠病毒感染疫情肆虐全球、世界经济陷入严重衰退、外部环境更加复杂严峻，我国国内生产总值首次突破100万亿元大关，意味着我国经济实力、科技实力、综合国力又跃上一个新的大台阶。我们通过一个个计划（规划）的分步实施、接力推进、滚动落实，一以贯之地朝着既定目标前进，推动经济以西方国家既难以想象也难以实现的速度快速发展。100多年来，中国乘风破浪的伟大进程进一步验证了一个千真万确的结论：没有共产党，就不可能建设和发展新中国。

中国共产党是中国梦的设计者。每个人都有自己的梦想，每个民族也都有自己的梦想。中华民族有上下5000年的历史，曾创造出辉煌灿烂的文明。近代以来的积贫积弱，使中华儿女一直有一个梦想，一个民族复兴的梦想。2012年11月29日，在参观《复兴之路》展览时，习近平总书记在讲话中首次提出实现中华民族伟大复兴的中国梦，指出："每个人都有理想和追求，都有自己的梦想。现在，大家都在讨论中国梦，我以为，实现中华民族伟大复兴，就是中华民族近代以来最伟大的梦想。这个梦想，凝聚了几代中国人的夙愿，

①《毛泽东文集》第六卷，人民出版社1999年版，第329页。

体现了中华民族和中国人民的整体利益，是每一个中华儿女的共同期盼。”[①]100多年前，中国共产党勇敢担下了这个重任，当代中国共产党人也正在为实现中国梦的宏伟蓝图接续奋斗，打赢脱贫攻坚战，全面建成小康社会，努力实现第二个百年奋斗目标……然而，“打江山易，守江山难”。当前，从世情看，新冠病毒感染疫情的大流行，正在回潮的冷战思维、民粹主义，都给世界秩序、国际规则带来了极大的挑战。世界各国之间，尤其是中美之间的经贸摩擦也不再是简单的贸易上的加减乘除，不是仅仅用贸易顺差和逆差就可以计算得失，其背后是道路之战、规则之战和人类命运之战。从国情看，虽然我国仍处于并将长期处于社会主义初级阶段的基本国情没有变，但社会主要矛盾发生了重大变化，全面深化改革进入攻坚期和深水区。从党情看，党的十八大以来党内政治生态明显好转，全面从严治党取得了重大胜利，但管党治党一刻也不能放松，需要继续推进全面从严治党向纵深发展。我们要清醒地认识到“今天，我们比历史上任何时期都更接近、更有信心和能力实现中华民族伟大复兴的目标”[②]。100多年来，中国共产党人不是靠先进武器、雄厚物质基础，而是以自己真诚、热血、实干的先锋模范作用，通过带领人民创造了实实在在的幸福生活，赢得了人民的选择、拥护和爱戴。如今，在克服各种艰难险阻、应对各种风险挑战中，中国共产党依然能以“为有牺牲多壮志”的英雄气概、“敢教日月换新天”的不懈

① 中共中央文献研究室编：《习近平关于实现中华民族伟大复兴的中国梦论述摘编》，中央文献出版社2013年版，第3页。

② 习近平：《在庆祝中国共产党成立100周年大会上的讲话》，人民出版社2021年版，第17页。

奋斗带领全国人民实现中华民族伟大复兴的中国梦。“没有中国共产党，就没有新中国，就没有中华民族伟大复兴”，这是中国共产党百年奋斗实践得出的最重要的历史结论，也是中国特色社会主义数十年实践最宝贵的成功经验。

[二]

坚持党的全面领导特别是党中央集中统一领导

前进道路上，如何才能继续成功，如何不断书写民族复兴的辉煌？机遇与挑战、美好前景与艰难险阻都前所未有地摆在中国共产党和中国人民面前。党的十九届六中全会指出，“治理好我们这个世界上最大的政党和人口最多的国家，必须坚持党的全面领导特别是党中央集中统一领导”。在实现中华民族伟大复兴的征程上，只要我们坚持和加强党的全面领导，确保党始终成为中国特色社会主义事业的坚强领导核心，就一定能不断增强党的创造力、凝聚力、战斗力，更好凝聚起同心共筑中国梦的磅礴伟力，开创中华民族更加美好的未来。

坚持党的全面领导，首先要坚持党是我国最高政治领导力量。中国共产党作为最高政治领导力量，并不是抽象的而是具体的，并主要体现在把准政治方向、统领政治体系、主导社会治理、决策重大问题等方面。正是基于此，深刻认识党是最高政治领导力量，确立党的领导的统领地位，突出党的领导制度在国家治理体系中的统摄性地位，我们党才能更好地团结带领人民巩固和发展中国特色社会主义，不断从胜利走向新的胜利。毛泽东说过：“革命党是群众的向导，在革命中未有革命党领错了路而革命不失败的。”[①] 习近平总书记指出：“古今中外，由于政治发展道路选择错误而导致社会动荡、国家分裂、人亡政息的例子比比皆是。”[②] 回望党的历史，我们也曾因为没有坚持党的领导而得到惨痛的教训。大革命时期，由于我们党在第一次国共合作中没有保持党的独立性且丧失了对革命武装的领导权。当国民党内反动集团叛变革命、残酷屠杀共产党人和革命群众时，我们就因无法组织人民进行有效抵抗，导致大革命失败，党和革命力量遭受惨重损失。土地革命战争时期，王明“左”倾教条主义很长时间占据党中央领导地位，最终导致中央革命根据地第五次反“围剿”失败，并使中央红军主力在长征初期遭受一系列重大挫折。1935 年召开的遵义会议，事实上确立了毛泽东在党中央和红军的领导地位，开始确立了以毛泽东同志为主要代表的马克思主义正确路线在党中央的领导地位，我们党开始形成坚强的领导核心，才最终在最危急关头挽救了党、挽救了红军、挽救了中国革命。无数事实反复证明，坚持党的全面领导是事关党和国家事业前途命运的重大问题，是中国特色社会主义事业取得成功的根本政治保证。

坚持党的全面领导，特别是要坚持党中央权威和集中统一领导。坚持党中央权威和集中统一领导，是马克思主义政党的本质属性，

---

①《毛泽东选集》第一卷，人民出版社 1991 年版，第 3 页。
②《习近平谈治国理政》第二卷，外文出版社 2017 年版，第 285 页。

是保证党的团结和集中统一的根本性保障，也是中国特色社会主义政治发展道路的历史必然。新中国成立70多年来，我国的“两大奇迹”——经济快速发展和社会长期稳定，使“中国之治”赢得了世界的广泛赞誉。2020年，新冠病毒感染疫情给全球政治、经济和军事格局带来巨大冲击。中国不仅能迅速控制疫情，而且顶住需求收缩、供给冲击、预期转弱的三重压力，经济持续稳定恢复，对维护世界经济稳定起到了重要作用。无论是战疫战贫决胜小康，还是防范化解重大风险，国际社会对中国和中国共产党都刮目相看。罗马尼亚前总理、民主党原主席罗曼强调，中国共产党带领中国实现了一次又一次飞跃，成为世界第二大经济体，使7亿多人摆脱贫困，对于很多西方政党来说，这样的成就简直就是“不可能完成的任务”。英国著名学者马丁·雅克谈道：“就效率、管辖权以及开展大型公共工程的能力而言，中国的政府机构无可匹敌。”世界卫生组织总干事谭德塞针对中国应对新冠病毒感染疫情的方案评价道：“中方的行动速度之快、规模之大，世所罕见，展现出中国速度、中国规模、中国效率。”与此同时，在美国，为什么奥巴马最想推行的医疗改革总也推不动？为什么后来推动了，可到了特朗普当总统时又被推翻？为什么多年来美国在控枪问题上总是一事无成？“中国模式”“中国道路”“中国经验”“中国方案”与西方的发展模式相比到底有什么优势？这些问题更是引发不少外国政治家和理论家的思考。显然，“中国之治”成功的密码在于“中国之制”，在于中国国家制度和国家治理体系的显著优势。党的十九届四中全会审议通过的《中共中央关于坚持和完善中国特色社会主义制度　推进国家治理体系和治理能力现代化若干重大问题的决定》阐明了我国国家制度和国家治理体系13个方面的显著优势，其中“坚持党的集中统一领导，坚持党的科学理论，保持政治稳定，确保国家始终沿着社会主义方向前进的显著优势”① 是第一个显著优势。党的十九大报告强调“旗帜鲜明讲政治是我们党作为马克思主义政党的根本要求”，指明“保证全党服从中央，坚持党中央权威和集中统一领导，是党的政治建设的首要任务”。可以说，正是因为党中央的运筹帷幄和统御全局，中国才能集中全国的力量办大事。正如习近平总书记指出的：党的领导“是党和国家的根本所在、命脉所在，是全国各族人民的利益所系、命运所系”②。“党的领导是党和国家事业不断发展的‘定海神针’”③。而对比美国，这几年这个党干，过几年就不知道谁干了；这几年的总统代表这个利益集团的利益，过几年当选的总统又不知道代表谁的利益了。他们怎么可能成功实施类似我国的五年规划呢？对于他们来说，长期规划根本没有意义。因此，中国共产党能干成的很多事，在美国无论是民主党还是共和党都干不成。比利时前首相莱特姆表示，中国特色社会主义制度是中国人民自己选择的发展道路，是中国的优势所在。巴西智库瓦加斯基金会巴中研究中心负责人埃万德罗·卡瓦略认为：“中国已向世界证明，中国特色社会主义制度有着无可比拟的优势。中国人民在遇到困难时非常有韧性，中华民族在严峻的考验中获得了更大的团结和力量。”可见，中国特色社会主义最本质的特征、中国特色社会主义制度的强大生命力和巨大

---

①《中共十九届四中全会在京举行》，《人民日报》2019年11月1日。

② 习近平：《在庆祝中国共产党成立100周年大会上的讲话》，人民出版社2021年版，第11页。

③ 习近平：《毫不动摇坚持和加强党的全面领导》，《求是》2021年第18期。

优越性就是中国共产党的领导，党的领导成为“中国之治”的根本所在。

坚持和加强党的全面领导，根本任务是坚决做到“两个维护”。现在，中国共产党已经是一个有9600多万名党员、490多万个基层党组织的党，一个在有着14亿多人口的大国长期执政的党。我们靠什么能把全党全国各族人民凝聚起来为民族复兴而奋斗？依靠的就是中国共产党的坚强领导，依靠的就是党中央的高度权威，依靠的就是核心的巨大凝聚力、号召力。中国共产党领导这个最本质特征和最大优势在政治上、组织上的突出体现，就是党中央集中统一领导，有一锤定音、定于一尊的权威。党中央是全党的大脑和中枢，是党的最高领导机构和决策机构。正如习近平总书记指出的：“党政军民学，东西南北中，党是领导一切的，是最高的政治领导力量。”“在国家治理体系的大棋局中，党中央是坐镇中军帐的‘帅’，车马炮各展其长，一盘棋大局分明。”[①] 坚持党的领导，最重要的是坚决维护党中央权威和集中统一领导，坚决维护习近平总书记党中央的核心、全党的核心地位。这是坚持党的领导的核心要义，是推进新时代党和国家各项事业发展的根本保证。这就要求全体党员增强“四个意识”，坚定“四个自信”，做到“两个维护”，对党忠诚、为党尽责，始终在思想上、政治上、行动上同以习近平同志为核心的党中央保持高度一致，确保党中央的决策部署落地生根、畅通无阻。这也是保证中国共产党作为最高政治领导力量的必然要求。

---

① 习近平：《中国共产党领导是中国特色社会主义最本质的特征》，《求是》2020年第14期。

［三］

坚持民主集中制这个最大制度优势

2018 年 12 月，习近平总书记在中共中央政治局召开的民主生活会上发表重要讲话，对民主集中制的原理、功能和意义作出高度肯定，他指出："民主集中制是我们党的根本组织原则和领导制度，是马克思主义政党区别于其他政党的重要标志。这项制度把充分发扬党内民主和正确实行集中有机结合起来，既可以最大限度激发全党创造活力，又可以统一全党思想和行动，有效防止和克服议而不决、决而不行的分散主义，是科学合理而又有效率的制度。"[①] 这为在新的历史条件下坚持和完善民主集中制提供了重要遵循。

民主集中制是我们党最大的制度优势。无产阶级政党的鲜明特色就是实行民主集中制。共产国际曾明确指示："加入共产国际的党，应该是按照民主集中制的原则建立起来的。"[②] 在列宁的建党原则和共产国际的指引下，1921 年，党的一大不仅体现了民主集中制的精神，而且事实上接受了共产国际关于民主集中制的组织建设模式。1922 年，党的二大确认民主集中制是中国共产党的组织原则，并将

①《树牢"四个意识" 坚定"四个自信" 坚决做到"两个维护" 勇于担当作为 以求真务实作风把党中央决策部署落到实处》，《人民日报》2018 年 12 月 27 日。

②《列宁全集》第 39 卷，人民出版社 2017 年版，第 205 页。

民主集中制的原则精神写入首部党章。1927 年 6 月 1 日，中央政治局通过的《中国共产党第三次修正章程决案》第一次明确规定“党部的指导原则为民主集中制”，这是在党的根本法规上第一次出现民主集中制的提法。至此，民主集中制正式成为全党的指导原则和组织原则。100 多年来，中国共产党在长期的革命、建设和改革实践中，一方面，坚持不懈地丰富发展民主集中制的理论和实践，逐渐形成包括党的代表大会制度、党的委员会制度、党内选举制度、党的集体领导制度、党的组织生活制度、党员权利保障制度等在内的一整套民主集中制的制度体系，党的组织建设和制度建设取得重大成就；另一方面，依靠和通过民主集中制，确保全体党员团结一心、步调一致，集中全党的智慧力量，大力推进改革开放和社会主义建设，开创了党和国家全面建设事业的新局面，开辟了中国特色社会主义新境界，使中国特色社会主义进入新时代这一新的历史方位。回顾中国共产党的光辉历史，我们可以看出，民主集中制是中国共产党凝聚全党全国力量、确保正确制定和执行党的路线方针政策的科学合理而又有效率的制度。

坚持民主集中制，就要坚持民主与集中的辩证统一。民主集中制体现了马克思主义唯物辩证法，是民主与集中的有机结合。早在 1979 年 3 月，邓小平就提出“民主基础上的集中和集中指导下的民主相结合”[①]，这充分体现出民主集中制的民主与集中是对立统一的关系，二者既相互制约，又相互促进。民主集中制的民主，指的是党员和党组织意愿的充分表达和积极性创造性的有效发挥。我们

①《邓小平文选》第二卷，人民出版社 1994 年版，第 175 页。

党历来高度重视发展党内民主，并希望以党内民主带动人民民主。习近平总书记也不止一次强调，党内民主是党的生命。只有充分发扬党内民主，才能在保障党员民主权利的基础上，最大限度地激发活力，不断增强党的创造力、凝聚力、战斗力。集中是民主的必然要求和归宿。民主集中制的集中，指的是全党智慧、力量的凝聚和行动的一致。离开集中搞民主，就会导致极端民主化和无政府状态，什么事情也干不成。由此，坚持民主集中制，就要避免现实政治实践中将民主与集中割裂开来的错误认识，既有效防止因过分集中而导致的专制现象，同时也避免因过分强调民主产生的企图削弱党的集中统一领导、分散主义、地方主义等错误倾向。2017 年 2 月 13 日，习近平总书记在省部级主要领导干部学习贯彻十八届六中全会精神专题研讨班开班式上强调:“我们实行的民主集中制，是又有集中又有民主、又有纪律又有自由、又有统一意志又有个人心情舒畅生动活泼的制度，是民主和集中紧密结合的制度。”[①] 这充分展示了新时代我们党对民主集中制的新认知。在继续全面深化改革、推进中国特色社会主义事业发展、向着第二个百年奋斗目标前进的新征程中，准确认识和把握民主集中制，把民主和集中有机统一起来，民主集中制才能真正成为我们从胜利走向胜利的法宝。

坚持民主集中制，就要坚持集体领导制度。斯大林在执政的中后期，过分强调集中而忽略民主，扭曲民主集中制的根本原则，以个人权力取代民主集中制，严重破坏了苏联的党内民主。斯大林的

①《以解决突出问题为突破口和主抓手　推动党的十八届六中全会精神落到实处》,《人民日报》2017 年 2 月 14 日。

个人专断集权，严重影响了苏联的党内政治生态，使人民群众对苏联共产党和苏联政府的官僚作风深恶痛绝。回顾共产党历史，不难得出这样的结论：只有坚持好民主集中制，无产阶级政党的事业才会蓬勃发展。今天，我们也有一些党组织和党员干部，要么集中不够、只讲民主，或者班子成员各自为政，违背集体决定自作主张、自行其是，或者征求意见无休止，讨论磋商没个完，优柔寡断、久拖不决；要么只讲集中，完全不走民主程序，凡事由领导说了算，“一把手”拍脑袋作决定。这两种错误倾向，同样都会给党带来严重的危害，一定要予以克服。应当在坚持和完善民主集中制的过程中，正确执行集体领导和个人分工负责相结合的制度，营造良好的政治生态。一方面，凡属涉及单位建设的重大事项，必须按照法定程序，集体决策，充分发挥党委（支部）把关定向的组织作用；另一方面，在党的各级委员会内部，正、副书记等关键少数要善于发扬民主，班子成员要敢于担责，切实按照集体决议分工负责，承担起应该承担的责任，切实贯彻好民主集中制原则。

［四］

把党的领导落实到党和国家事业各领域各方面各环节

历史是最好的教科书。中国共产党的百年历史，就是带领全国各族人民披荆斩棘、砥砺前行的奋斗史。从半殖民地半封建社会，到新时代中国特色社会主义事业稳步推进，我国的沧桑巨变充分说明，只有把党的领导落实到国家治理各领域各方面各环节，党和国家各项事业才能顺利发展，中华民族才能走向复兴。

坚持党对一切工作的全面领导是核心关键。党的二十大报告指出，党的领导是全面的、系统的、整体的，必须全面、系统、整体加以落实。健全总揽全局、协调各方的党的领导制度体系，完善党中央重大决策部署落实机制，确保全党在政治立场、政治方向、政治原则、政治道路上同党中央保持高度一致，确保党的团结统一。习近平总书记强调："我国社会主义政治制度优越性的一个突出特点是党总揽全局、协调各方的领导核心作用，形象地说是'众星捧月'，这个'月'就是中国共产党。"[①] 毫不动摇坚持和加强党的全面领导极其重要，把党对一切工作的全面领导贯彻落实到管党治党和治国理政的全过程，通过协同发力，形成整体效应，不仅能够保证党中央定于一尊的权威，更能够保证国家治理稳定有序地运行。党的十八大以来，正是通过坚持和加强党的全面领导，建立健全党的领导的组织体系、制度体系和工作机制，完善党和国家机构职能体系，才不断整合和调动起一切积极因素，充分发挥社会主义制度集中力量办大事的政治优势，高效推进党和国家事业发展，开辟了"中国之治"的新境界。

健全总揽全局、协调各方的党的领导制度体系是根本保证。党对中国特色社会主义事业的全面领导是具体的、现实的，不是空洞

① 习近平：《中国共产党领导是中国特色社会主义最本质的特征》，《求是》2020 年第 14 期。

的、抽象的，在国家治理体系的各项制度中，党的领导制度是我国的根本领导制度，具有统领性地位，为确保我国国家治理沿着正确的方向前进发挥着根本性作用。所以，必须抓住健全党总揽全局、协调各方的领导制度体系这个关键。党的全面领导必须体现到国家治理的方方面面，体现到国家政权的机构、体制、制度等的设计、安排、运行之中，落实到改革发展稳定、内政外交国防、治党治国治军等各领域各方面各环节。党的十九届四中全会着眼于健全总揽全局、协调各方的党的领导制度体系，提出了建立和完善六个方面制度的要求，即建立不忘初心、牢记使命的制度；完善坚定维护党中央权威和集中统一领导的各项制度；健全党的全面领导制度；健全为人民执政、靠人民执政各项制度；健全提高党的执政能力和领导水平制度；完善全面从严治党制度。这六个方面的制度是党的领导制度体系的基本要素，对于充分发挥我国国家制度和国家治理体系多方面的显著优势、巩固党的执政地位、提高党的领导能力等方面都具有十分重要的意义。我们应当注重这六个方面制度建设的相互协调，统筹各领域各方面改革进展，形成整体效应。[①]

进一步提高党的执政能力和领导水平是重要内容。100 多年前苦难深重、饱受压迫的中华民族，而今屹立在世界民族之林，在国际治理体系中扮演着越来越重要的角色。而所有的这一切，靠的是什么？靠的就是我们党强大的领导力。今天，在推进中华民族伟大复兴的历史征程中，我们面临着来自国际国内各方面的压力和挑战。

① 参见罗宗毅：《把党的领导落实到国家治理各领域各方面各环节》，《红旗文稿》2019 年第 22 期。

要推进中国特色社会主义事业不断向前，必须有一个自身过硬、始终走在时代前列的马克思主义政党来引领。为此，党的十九大报告把“不断增强党的政治领导力、思想引领力、群众组织力、社会号召力，确保我们党永葆旺盛生命力和强大战斗力”这个重大课题提到全党面前。毫无疑问，这也是把党的领导这一制度优势转化为治理效能的重要途径。推进国家治理体系和治理能力现代化必须坚持党的领导，党的自身建设也要在适应国家治理现代化的过程中不断完善发展。党的二十大报告提出，坚持科学执政、民主执政、依法执政，创新和改进领导方式，提高党把方向、谋大局、定政策、促改革能力，调动各方面积极性。一方面，我们要发挥党在国家治理中的政治领导力作用。另一方面，要有系统思维，善于把党的政治领导力同党的思想引领力、群众组织力、社会号召力构建成一个有机整体，通过一系列行之有效的举措，善于把党的主张变成全党全国人民的自觉行动，形成建设中国特色社会主义事业的强大合力；发挥党组织在基层群众自治中的价值引领、组织动员、支持服务、统筹协调作用，引导动员群众依靠自己的力量创造幸福生活，形成夺取新时代中国特色社会主义伟大胜利的磅礴力量。

第三章

坚持人民至上

一个能够得到最广大人民拥护、支持和追随的政党，必然是一个具有强大领导力的政党。中国共产党之所以能够由一个最初只有50多名党员的政党，在极其艰难困苦的条件下迅速发展壮大，不仅夺取了全国政权，而且领导一个世界上人口最多的国家从一穷二白走向繁荣昌盛，就是因为党始终坚持人民至上，得到了最广大人民的拥护和支持，获得了永无穷尽的力量源泉。

[一]

江山就是人民、人民就是江山

2022年10月16日，习近平总书记在党的二十大报告中指出："江山就是人民，人民就是江山。中国共产党领导人民打江山、守江山，守的是人民的心。治国有常，利民为本。为民造福是立党为公、执政为民的本质要求。"中国共产党的百年奋斗史，就是一部与人民心连心、同呼吸、共命运的光荣史。习近平总书记的重要讲话，是对百年党史经验的深刻总结，和我们党的人民观一以贯之，和党的性质和宗旨一以贯之，展现了新时代共产党人不忘初心、牢记使命的坚定决心。

“江山就是人民、人民就是江山”是全心全意为人民谋幸福的庄严承诺。中华民族是一个伟大的民族，中国人民是伟大的人民，始终坚守“天行健，君子以自强不息”的品质，素来有着深沉厚重、昂扬蓬勃的精神追求，即使在近代饱尝人类历史上罕见的屈辱和磨难之时，也没有放弃对光明的追求。1932 年 11 月，创刊于 1904 年的《东方杂志》向社会各界发出 400 余封征稿函，约请“于一九三三年新年大家做一回好梦”。虽然当时中国正处于日本发动九一八事变而致东北沦陷、人民生活普遍处于贫苦的悲惨境遇中，但许多人仍然相信中国一定会好起来。郑振铎回信：“未来的中国，我以为，将是一个伟大的快乐的国土。”谈到经过不懈的努力和奋斗，梦想中的未来中国会是怎样的，邹韬奋写道：“我所梦想的未来中国，是个共劳共享的平等的社会，所谓‘共劳’，是人人都须为全体民众所需要的生产作一部分的劳动；不许有不劳而获的人，不许有一部分榨取另一部分劳力结果的人。所谓‘共享’，是人人在物质方面及精神方面都有平等的享受机会，不许有劳而不享的人。”[①] 这些对美好生活的向往和奋斗，正是我们民族生生不息的强大动力。然而，在那样一个苦难深重、饱受压迫的时代，人民想过上好日子的朴素愿望无处安放，也无法实现。直到以马克思列宁主义为指导、勇担民族复兴大任的无产阶级政党——中国共产党登上历史舞台。中国共产党为了人民闹革命，团结人民打江山，最终实现人民当家作主，人民成为江山的主人。因此，对中国共产党人来说，

① 祖远：《胡愈之与邹韬奋的革命情缘》，《党史纵横》2011 年第 11 期。

“老百姓是天，老百姓是地”“江山就是人民、人民就是江山”。如今，时代在变，中国梦的具体内容也在变，但中国梦的核心要义却始终没有变，中国共产党“为中国人民谋幸福，为中华民族谋复兴”的初心和使命更没有变。2012 年 11 月，习近平总书记在十八届中共中央政治局常委同中外记者见面时郑重宣示：“人民对美好生活的向往，就是我们的奋斗目标。”2021 年 5 月 13 日，习近平总书记在河南省淅川县九重镇邹庄村考察时指出：“人民就是江山，共产党打江山、守江山，守的是人民的心，为的是让人民过上好日子。我们党的百年奋斗史就是为人民谋幸福的历史。”如今，“江山就是人民、人民就是江山”的小康中国、健康中国、平安中国、美丽中国的愿景正在成为现实。

“江山就是人民、人民就是江山”是一切依靠人民的铿锵宣示。人民是历史的创造者，是真正的英雄。回首伟大征程，100 多年来，中国共产党团结带领全国各族人民在中国这片古老的土地上实现了三次巨变。第一次是党紧紧依靠人民，团结带领人民，进行 28 年浴血奋战，打败日本侵略者，推翻国民党反动派，完成新民主主义革命，实现了民族独立和人民解放，在艰难困苦中为中华民族踏出了一条新生的道路；第二次是党紧紧依靠人民完成了社会主义革命，确立了社会主义制度，实现了中国历史上最深刻最伟大的社会变革；第三次是党紧紧依靠人民进行了改革开放新的伟大革命，开创、坚持、发展了中国特色社会主义，推动社会主义现代化建设取得举世瞩目的伟大成就。这三次巨变，一个共同特点就是“依靠人民”。毛泽东曾指出，“群众有伟大的创造力。中国人民中间，实在有成千成万的‘诸葛亮’”[1]。我们党之所以能够在实现中华民族伟大复兴的征途中所向披靡，从根本上说，就是得到了人民的支持。1949 年 4 月渡江战役胜利后，邓小平指出：“人民都一致支援我们……在渡江准备的过程里，我们集结主要兵力在芜湖至安庆这个地方，所需粮食一亿五千万斤，其中百分之八十是沿江的人民拿出来的。他们把家里的粮食尽量拿出来，并且表示只要渡江，饿着肚子也不要紧。为解决烧柴困难，人民甚至无怨言地拆房子给我们当柴烧。”[2] 历史雄辩地证明，人民是我们党的力量之源和胜利之本。没有人民的广泛参与和支持拥护，任何事业都不可能成功，任何目标都不可能实现。2013 年 12 月 26 日，习近平总书记在纪念毛泽东同志诞辰 120 周年座谈会上的讲话中强调，“在人民面前，我们永远是小学生，必须自觉拜人民为师，向能者求教，向智者问策”“人民是我们党的工作的最高裁决者和最终评判者”。在实现中华民族伟大复兴的关键阶段，只要紧紧地依靠人民，向人民学习，最大限度地激发人民继续支持改革，吸纳人民群众积极参与改革，就能够众志成城，最终实现“江山就是人民、人民就是江山”的更高更远的奋斗目标。

“江山就是人民、人民就是江山”是以人民为中心的行动指南。回望我们党走过的百年征程，“人民”是永恒的主旋律。1948 年 9 月 8 日，毛泽东在《在中共中央政治局会议上的报告和结论》中明确指出，“各级政府都要加上‘人民’二字，各种政权机关都要加上‘人民’二字”[3]。进入新时代，习近平总书记强调：“以人民为中心的

①《毛泽东选集》第三卷，人民出版社 1991 年版，第 933 页。
②《邓小平文选》第一卷，人民出版社 1994 年版，第 138 页。
③《毛泽东文集》第五卷，人民出版社 1996 年版，第 135 页。

发展思想，不是一个抽象的、玄奥的概念，不能只停留在口头上、止步于思想环节，而要体现在经济社会发展各个环节。”[1] 在推进中国特色社会主义的伟大实践中，以人民为中心的发展思想必须贯穿始终。一方面，我们要随时随地倾听人民呼声，回应人民关切，切实实现好、维护好、发展好人民的合理诉求和根本利益，多用善用会用多予少取、放活普惠的办法推进改革，多谋民生之利、多解民生之忧，改革必将为人民群众带来更多获得感。另一方面，改革不仅要有顶层设计，而且也要有评价标准。2016 年 4 月 18 日，习近平总书记在中央全面深化改革领导小组第二十三次会议上的讲话中强调：“把以人民为中心的发展思想体现在经济社会发展各个环节，做到老百姓关心什么、期盼什么，改革就要抓住什么、推进什么，通过改革给人民群众带来更多获得感。”这意味着，党始终坚持以人民为中心的发展思想，把人民放在心中最高位置，坚持一切为了人民、一切依靠人民，全心全意为人民服务，把人民拥护不拥护、赞成不赞成、高兴不高兴、答应不答应作为衡量一切工作得失的根本标准。正是中国共产党一以贯之地坚持人民至上的价值理念，使 14 亿多中国人民凝聚成推动中华民族伟大复兴的磅礴力量，我们党始终拥有不竭的力量源泉。

① 习近平：《深入理解新发展理念》，《求是》2019 年第 10 期。

[二]

党的最大政治优势是密切联系群众

习近平总书记在庆祝中国共产党成立100周年大会上豪迈宣示："任何想把中国共产党同中国人民分割开来、对立起来的企图，都是绝不会得逞的！9500多万中国共产党人不答应！14亿多中国人民也不答应！"党心民心的交融激荡，充分展示了百年来中国共产党铸就的与中国人民牢不可破的党群关系。

密切联系群众是马克思主义政党的本质要求。现代政党政治决定了任何一个国家都需要通过政党来动员和凝聚人民的意志，需要通过政党选举来掌握政权，领导和运作国家机器。然而，如何看待和对待人民群众，是否代表最广大人民的根本利益，中国共产党和西方政党有着本质区别。中国共产党是用马克思主义武装起来的政党，而马克思主义是科学的理论体系，是被实践反复检验的真理。一方面，唯物史观关于实现人的自由全面发展的观点，决定了中国共产党必须坚持"一切为了群众"。《共产党宣言》中指出，"每个人的自由发展是一切人的自由发展的条件"，实现自由人的联合体是共产主义理想的最高追求和价值目标。作为马克思主义政党，中国共产党是工人阶级的先锋队，同时是中国人民和中华民族的先锋队，始终代表着最广大人民群众的根本利益。另一方面，唯物史观关于人民群众是人类社会发展的决定性力量的观点，决定了党必须"一切依靠群众”。人民群众是历史的主体，是历史的创造者，一切社会发展都依赖于人民群众的实践，一切社会变革都要通过人民群众的实践来完成。同时，又承认个人对历史发展的贡献，因此要坚持从群众中来到群众中去，发挥“个人”作用，将群众个别的、分散的意见集中起来，变成理性认识，再将这种理性认识，回到群众中去作宣传解释、形成共识，使群众坚持下去，见之于行动，即通过物质到意识，意识到物质的循环，实现认识上的飞跃，一次比一次更正确、更生动、更丰富。[①] 由此，这两个方面，都要求马克思主义政党必须密切联系群众。而对比西方，随着西方社会政治生态的不断变化，尽管一些国外政党也在积极建立健全政党联系群众的组织机构体系，通过发展外围组织，以增强政党对民众的吸引力和影响力，但从其目的和路径看，其将联系群众当作一种政治标签、文件术语、竞选口号和表演姿态的本质并未改变。由此可以更加深刻地认识到，中国共产党不是群众之外、群众之上的“精英”和“统治者”，而是与人民具有鱼水关系的生命交融。

密切联系群众是我们党无往不胜的重要法宝。我们党是在带领人民群众接续奋斗的过程中不断发展壮大的。毛泽东指出：“我们共产党人好比种子，人民好比土地。我们到了一个地方，就要同那里的人民结合起来，在人民中间生根、开花。”[②] 在战火纷飞的革命战争年代，艰苦卓绝的斗争环境催生了我们党对密切联系群众的探索，保持同人民群众的血肉联系不仅是我们党的自觉意识，而且是

---

① 参见毛志华：《发挥党密切联系群众的最大政治优势》，《今日海南》2018年第9期。

②《毛泽东选集》第四卷，人民出版社1991年版，第1162页。

客观形势的迫切需要和必然要求。红军长征时期，“在湖南汝城县沙洲村，3 名女红军借宿徐解秀老人家中，临走时，把自己仅有的一床被子剪下一半给老人留下了。老人说，什么是共产党？共产党就是自己有一条被子，也要剪下半条给老百姓的人”[①]。人民群众用质朴的语言道出了我们党的初心和本色。正是靠着党和人民群众这样“一块过、一块苦、一块干”，土地革命战争时期，面对“围剿”屠杀，“乡上绝大多数 15 岁以上的男人都跟队伍走了”；抗日战争时期，“只见公仆不见官”，有志青年、知识分子纷纷奔赴延安，有时一天就有 1000 多人；解放战争时期，“淮海战役是人民用小推车推出来的”……可见，我们党的先进性源于为了人民、依靠人民，我们党执政的力量源泉来自人民群众的拥护和支持。100 多年来，无论我们党所处的历史方位和面临的中心任务怎样变化，但群众观点、群众路线始终没有变。我们党始终强调人民的历史主体地位、强调人民是创造历史的根本力量，切切实实地解决了中国在发展中遇到的问题，实实在在地为中国人民谋幸福、为中华民族谋复兴。也正是因为党和人民群众的血肉关系，我们党才赢得了最广大人民群众的支持，才能不断巩固执政地位、完成执政使命。

新时代要始终坚持党的群众路线，保持党同人民群众的血肉联系。所谓“初心易得，始终难守”，无论是个人，还是政党，最难得的就是历经沧桑而初心不改、饱经风霜而本色依旧。早在 20 世纪 20 年代初，列宁就尖锐地指出，对马克思主义执政党来说，“最严

① 习近平：《在纪念红军长征胜利 80 周年大会上的讲话》，人民出版社 2016 年版，第 14—15 页。

重最可怕的危险之一，就是脱离群众”[①]。然而，苏联亡党亡国时的一组数据告诉我们，他们并没有被忠告所警醒。苏共高薪官僚特权集团与一般劳动者的工资差距巨大，1936 年二者工资差距是 30 多倍，1953 年是 50 多倍，到 20 世纪 80 年代是 100 多倍；在苏共执政后期，《西伯利亚报》曾以“苏共代表谁”为题在部分群众中进行调查，结果显示，认为苏共代表党的官僚和干部的占 85%，认为代表劳动群众的只占 7%。1991 年 8 月，当戈尔巴乔夫宣布苏共——这个领导着一个超级大国和一支世界上强大的军队并拥有近 2000 万名党员的庞然大党解散时，俄罗斯历史学家罗伊·麦德韦杰夫在其《苏联的最后一年》中描述了那刻的窘境：当苏共人员离开中央办公大楼时，有成千上万苏联公民聚集到大楼前，把大楼围得水泄不通，“但他们不是来保卫党的，相反，他们兴高采烈，并争相向撤离的苏共干部吐唾沫、发嘘声，如果不是警察严密保护，撤离者受到伤害也不是不可能的”。这警醒我们，严重脱离人民群众，得不到人民群众的支持，必然会动摇执政基础。70 多年前，党中央在离开西柏坡进驻北平出发前，毛泽东对周恩来说，今天是进京的日子，进京“赶考”去。[②] 经过 70 多年的实践证明，中国共产党在这场历史性赶考中取得了优异成绩。如今，在踏上实现第二个百年奋斗目标新的“赶考”之路上，我们仍面临很多的考验，如一个创造了伟大人间奇迹的百年大党，在长期执政中，会不会滋长骄傲自满情绪？如何抑制官僚主义、形式主义、享乐主义和奢靡之风？如何坚定全党的初

---

①《列宁全集》第 42 卷，人民出版社 2017 年版，第 383 页。

② 参见《中国共产党简史》，人民出版社、中共党史出版社 2021 年版，第 139 页。

心和使命？如何保持攻坚克难的势头？因此，对我们党来说，一以贯之地推进党的建设新的伟大工程，保持党同人民群众的血肉联系是一个永恒课题。习近平总书记告诫我们：“我们党的最大政治优势是密切联系群众，党执政后的最大危险是脱离群众。”[①] 党的十八大以来，我们党勇于刀刃向内，持续推进自我革命，确保党永远不变质、不变色、不变味，始终同人民想在一起、干在一起，为把新时代中国特色社会主义伟大事业不断推向前进打下了扎实的群众基础。

［三］

党代表中国最广大人民根本利益

党的十九届六中全会指出：“党代表中国最广大人民根本利益，没有任何自己特殊的利益，从来不代表任何利益集团、任何权势团体、任何特权阶层的利益，这是党立于不败之地的根本所在。”[②] 回望历史，在近代中国出现的政治力量中，只有中国共产党具有实现最广大人民根本利益的本质要求、历史自觉与现实能力。

党的性质和宗旨决定了党必须始终代表中国最广大人民根本利益。1944 年 9 月 8 日，在为因公牺牲的中央警卫团战士张思德举行

① 习近平：《在纪念毛泽东同志诞辰 120 周年座谈会上的讲话》（2013 年 12 月 26 日），《人民日报》2013 年 12 月 27 日。

②《中共中央关于党的百年奋斗重大成就和历史经验的决议》，人民出版社 2021 年版，第 66 页。

的追悼会上，毛泽东发表重要演讲。这个演讲经整理后以《为人民服务》为题，发表在延安《解放日报》和国民党统治区《新华日报》等报纸上。1944 年 10 月，毛泽东在接见新闻工作者时指出，为人民服务，不能半心半意，不能三心二意，一定要全心全意。从此，“为人民服务”表述为“全心全意为人民服务”。1945 年 4 月，毛泽东在党的七大上作《论联合政府》的政治报告，指出：“全心全意地为人民服务，一刻也不脱离群众；一切从人民的利益出发，而不是从个人或小集团的利益出发；向人民负责和向党的领导机关负责的一致性；这些就是我们的出发点。”“中国共产党人必须具有全心全意为中国人民服务的精神”这句话被写入党的七大党章。从此，“为人民服务”成为中国共产党的根本宗旨和立党之本。为什么中国共产党要全心全意为人民服务？为什么要始终代表中国最广大人民根本利益？那是因为我们党是工人阶级的先锋队，同时是中国人民和中华民族的先锋队，党除了最广大人民的根本利益外，没有自己特殊的利益。代表最广大人民的根本利益，全心全意为人民服务，是马克思主义政党的唯一宗旨，也是区别于其他任何政党的根本标志。今天，当我们思考，作为一个百年大党，我们党如何跳出历史周期率、如何永葆先进性和纯洁性、如何实现长期执政等根本性问题时，应当把坚持党的性质宗旨作为党始终保持生机活力的源头活水。

党的使命任务要求我们党必须代表中国最广大人民根本利益。回首历史，从新民主主义革命时期到社会主义革命和建设时期，从改革开放到进入中国特色社会主义新时代，我们党都始终围绕使命任务，给人民群众带来了实实在在的利益。中国共产党成立不久，我们党就明确提出了“为工人和贫农的目前利益计”，实行“消除内乱，打倒军阀”“推翻国际帝国主义的压迫，达到中华民族完全独立”等反帝反封建的最低纲领。1925 年，毛泽东明确指出：“为什么要革命？为了使中华民族得到解放，为了实现人民的统治，为了使人民得到经济的幸福。”[①] 这就把远大的共产主义理想与为中国人民谋幸福、为中华民族谋复兴的初心和使命紧密地结合在了一起。在国民党反动派叛变革命后，为了打倒反动派，中国共产党人高举革命旗帜，进行武装反抗和土地革命战争，打土豪、分田地，建立红色政权，开辟了农村包围城市、武装夺取政权的革命道路；抗日战争时期，面对民族危亡，为了打败日本侵略者，中国共产党不计前嫌，推动第二次国共合作，成为全民族抗战的中流砥柱，直到取得中国人民抗日战争的最后胜利；解放战争时期，为了彻底推翻国民党反动统治，我们党领导人民进行土地改革，打败 800 万国民党军队，彻底推翻“三座大山”，实现了民族独立和人民解放；社会主义革命和建设时期，为了改变一穷二白的国家面貌，我们党坚持社会主义工业化建设与社会主义改造同时并举，领导人民建立起了社会主义制度，建立了独立的、比较完整的工业和国民经济体系。特别是党的十一届三中全会以后，以邓小平同志为主要代表的中国共产党人，团结带领全国各族人民，深刻总结新中国成立以来正反两方面经验，重新思考什么是社会主义、怎样建设社会主义这一根本问题。他说：“我们太穷了，太落后了，老实说对不起人民。我们现在必须发展生产力，改善人民生活条件。”[②] 基于这一认识，我们党领导人民实行改

---

①《毛泽东文集》第一卷，人民出版社 1993 年版，第 21 页。

② 中共中央文献研究室编：《邓小平思想年编（一九七五——九九七）》，中央文献出版社 2011 年版，第 168 页。

革开放，开辟了建设中国特色社会主义的新道路。可见，我们党之所以由小变大，由弱变强，成为长期执政的大党，就是因为我们党始终代表中国最广大人民根本利益。在中国共产党成立100周年的重要历史时刻，在党和人民胜利实现第一个百年奋斗目标、全面建成小康社会，正在向着全面建成社会主义现代化强国的第二个百年奋斗目标迈进的重大历史关头，习近平总书记指出，“今天，我们比历史上任何时期都更接近、更有信心和能力实现中华民族伟大复兴的目标”[①]。我们党更要保持马克思主义执政党本色，牢记初心和使命，始终代表最广大人民根本利益，与人民休戚与共、生死相依，凝聚和激发民族复兴伟大力量，永远做中国人民和中华民族的主心骨。

党的革命精神要求我们党要从人民根本利益出发把党的自我革命推向深入。自我革命的勇气从哪里来？习近平总书记指出：“我们党之所以有自我革命的勇气，是因为我们党除了国家、民族、人民的利益，没有任何自己的特殊利益……不谋私利才能谋根本、谋大利，才能从党的性质和根本宗旨出发，从人民根本利益出发，检视自己；才能不掩饰缺点、不回避问题、不文过饰非，有缺点克服缺点，有问题解决问题，有错误承认并纠正错误。”[②]必须看到，当前，世界百年未有之大变局加速演进，世纪疫情影响深远，逆全球化思潮抬头，单边主义、保护主义明显上升，世界经济复苏乏力，局部冲突和动荡频发，全球性问题加剧，世界进入新的动荡变革期。与此相伴，西方敌

① 习近平：《在庆祝中国共产党成立100周年大会上的讲话》，人民出版社2021年版，第17页。

② 中共中央党史和文献研究院编：《十八大以来重要文献选编》（下），中央文献出版社2018年版，第590页。

对势力对我国实行“西化”、分化的战略图谋日益加剧，这必然对党员干部队伍形成思想上和价值观念上的冲击。“身在曹营心在汉”的“裸官”现象与大量贪官将外逃作为后路的选择，就说明党员干部正面临着严峻的外部环境考验。在国内，在长期执政条件下，“四大考验”“四种危险”也依然复杂严峻。党的十九大报告指出：“一个政党，一个政权，其前途命运取决于人心向背。人民群众反对什么、痛恨什么，我们就要坚决防范和纠正什么。”在十九届中央纪委三次全会上，习近平总书记再次强调：“向群众身边不正之风和腐败问题亮剑，维护群众切身利益。”十年来，我们党持之以恒正风肃纪，以钉钉子精神纠治“四风”，反对特权思想和特权现象，坚决整治群众身边的不正之风和腐败问题，刹住了一些长期没有刹住的歪风，纠治了一些多年未除的顽瘴痼疾，让老百姓感受到了全面从严治党带来的巨大转变。我们党开展了史无前例的反腐败斗争，以“得罪千百人、不负十四亿”的使命担当祛疴治乱，不敢腐、不能腐、不想腐一体推进，“打虎”“拍蝇”“猎狐”多管齐下，反腐败斗争取得压倒性胜利并全面巩固。只有以高度的政治自觉推动自我革命，保持好党同人民群众的血肉联系，才能维护好人民群众的根本利益，跳出历史周期率。

四

坚定不移走全体人民共同富裕道路

习近平总书记指出：“我们始终坚定人民立场，强调消除贫困、改善民生、实现共同富裕是社会主义的本质要求，是我们党坚持全心全意为人民服务根本宗旨的重要体现，是党和政府的重大责任。”[①]《中共中央关于制定国民经济和社会发展第十四个五年规划和二〇三五年远景目标的建议》明确提出，“人的全面发展、全体人民共同富裕取得更为明显的实质性进展”。概括来讲，中国特色社会主义新时代就是“逐步实现全体人民共同富裕的时代”。

共同富裕是人民群众的共同期盼。习近平总书记在不同场合多次强调：“共享理念实质就是坚持以人民为中心的发展思想，体现的是逐步实现共同富裕的要求。共同富裕，是马克思主义的一个基本目标，也是自古以来我国人民的一个基本理想。”[②] 回望千百年来中国发展的壮阔历程，过上美好富足的生活始终是中华儿女的不懈追求。中华民族始终在为消除贫困而奋斗。一部中国史，就是一部中华民族同贫困作斗争的历史。从孔子的“不患寡而患不均，不患贫而患不安”、孟子的“老吾老以及人之老，幼吾幼以及人之幼”，到汉代学者描绘出的“小康”社会以及天下大同的美好愿景，无不反映出中国人民自古以来对幸福生活、共同富裕的期盼和憧憬。共同富裕是几千年来我国广大民众的根本诉求。纵观历史，在封建社会，这一诉求往往通过反抗暴政的形式表达出来，并在很大程度上推动了社会的变革和进步。层出不穷的农民起义，几乎都是将“等贵贱、均贫富”作为核心诉求在斗争口号和纲领中提出。从陈胜、吴广起

① 习近平：《在全国脱贫攻坚总结表彰大会上的讲话》（2021 年 2 月 25 日），《人民日报》2021 年 2 月 26 日。

② 习近平：《在省部级主要领导干部学习贯彻党的十八届五中全会精神专题研讨班上的讲话》（2016 年 1 月 18 日），《人民日报》2016 年 5 月 10 日。

义“苟富贵，勿相忘”的铮铮誓言，到明末李自成公开打出“均田免粮”的响亮旗号；从太平天国运动“凡天下田，天下人同耕”的朴素愿望，到孙中山领导的资产阶级民主革命“平均地权”“节制资本”的行动方针，无不展示出广大人民希望彻底否定封建土地所有制和剥削制度，实现平均财富诉求的美好愿望。但在封建社会的中国，在落后的社会生产力的限制和阶级对立的剥削制度制约之下，人民群众不可能确立主体地位，更不可能实现当家作主的目标，共同富裕的理想只能是人民群众的朴素愿望，不可能实现。

共同富裕是社会主义的本质要求。自工业革命之后，资本主义制度极大地解放了生产力、创造了巨大的财富，但也造成了贫富两极分化。在深刻揭露、批判资本主义制度弊端的基础上，马克思、恩格斯指出在未来的社会主义制度中“社会生产力的发展将如此迅速，以致尽管生产将以所有的人富裕为目的”[①]。中国共产党自成立以来，就坚持为了最广大人民根本利益而奋斗。建党百年的壮阔历史，就是团结带领中国人民为创造自己的美好生活的不懈奋斗史。在新民主主义革命时期，我们党带领广大农民进行土地革命，“打土豪、分田地”，实行“耕者有其田”，就是为了使最广大人民群众翻身得解放，让人民摆脱贫困过上好日子。新中国成立以后，通过“一化三改”确立了社会主义根本政治制度和基本经济制度，为践行共产党的初心和使命、实现广大人民群众共同富裕奠定了坚实的基础。改革开放以后，我们党在深刻分析历史经验、准确研判国内外形势的基础上，作出了“社会主义的本质，是解放生产力，发展生产力，

①《马克思恩格斯文集》第 8 卷，人民出版社 2009 年版，第 200 页。

消灭剥削，消除两极分化，最终达到共同富裕”的论断，通过让一部分人、一部分地区先富起来，通过先富带动后富，解放和发展了社会主义生产力，切实提高了人民的生活水平。党的十八大以来，随着国民经济的不断发展，我国社会的主要矛盾已经转化为“人民日益增长的美好生活需要和不平衡不充分的发展之间的矛盾”，党中央把逐步实现全体人民共同富裕摆在更加重要的位置上，既要坚持高质量发展，又要实现全体人民共同富裕。习近平总书记强调：“让人民群众过上更加幸福的好日子是我们党始终不渝的奋斗目标，实现共同富裕是中国共产党领导和我国社会主义制度的本质要求。”[①]中国特色社会主义进入新时代，以习近平同志为核心的党中央采取一系列有力措施来保障和改善民生，在取得消除绝对贫困、全面建成小康社会的伟大胜利后，“共同富裕”已经接力“全面小康”，成为中国政策关键词。

共同富裕是中国式现代化的中国特色。“现代化”作为当今社会一个热词，揭示的是自 18 世纪工业革命以来世界范围内人类社会的发展现象、发展过程和发展趋势。在现代化的过程中，解放和发展生产力、创造财富是世界各国追求的重要目标，而中国式现代化追求的则是有别于西方资本主义社会的共同富裕。中国共产党开创的中国式现代化道路，是人类发展史上的一次伟大变革。这条道路与中华民族从站起来、富起来到强起来的发展历程具有高度的历史一

① 习近平：《在全国劳动模范和先进工作者表彰大会上的讲话》，人民出版社 2020 年版，第 8 页。

致性和契合性。[1]1979年3月，邓小平明确提出："过去搞民主革命，要适合中国情况，走毛泽东同志开辟的农村包围城市的道路。现在搞建设，也要适合中国情况，走出一条中国式的现代化道路。"[2]邓小平用"小康之家"这个概念描述了中国式现代化的目标。[3]如今，进入中国特色社会主义新时代的中国，为共同富裕的实现提供了可能性和必然性。2021年6月10日发布的《中共中央　国务院关于支持浙江高质量发展建设共同富裕示范区的意见》，聚焦共同富裕示范区建设亟须突破和创新的重要方向和关键领域，明确了浙江示范区建设的四个战略定位和六大举措，提出到2025年浙江省推动高质量发展建设共同富裕示范区取得明显实质性进展，到2035年浙江省高质量发展取得更大成就，基本实现共同富裕。可见，满足人民群众对美好生活的向往，是我们党领导中国人民推进现代化建设的根本出发点和落脚点。中国式现代化是以人为本、人民至上的现代化，更是全体人民不断走向共同富裕的生动实践。

① 参见鲁明川：《中国式现代化道路的生成逻辑与世界意义》，《行政论坛》2021年第4期。

②《邓小平文选》第二卷，人民出版社1994年版，第163页。

③ 参见黄群慧：《共同富裕是中国式现代化的重要特征》，《光明日报》2021年9月7日。

第四章

坚持理论创新

党的二十大报告指出："中国共产党人深刻认识到，只有把马克思主义基本原理同中国具体实际相结合、同中华优秀传统文化相结合，坚持运用辩证唯物主义和历史唯物主义，才能正确回答时代和实践提出的重大问题，才能始终保持马克思主义的蓬勃生机和旺盛活力。"事实上，世界上还没有哪一个政党能像中国共产党这样如此重视理论创新、重视对全党进行理论武装。正是在党的创新理论引领下，我们党才能团结带领亿万中国人民，不断将民族复兴伟业推向前进。

〔一〕

马克思主义是我们党的灵魂和旗帜

2022年10月16日，习近平总书记在党的二十大报告中指出："实践告诉我们，中国共产党为什么能，中国特色社会主义为什么好，归根到底是马克思主义行，是中国化时代化的马克思主义行。"100多年来，马克思主义作为我们立党立国的根本指导思想，为党引领时代前进和中华民族发展进步，带领广大人民群众创造一个又一个“中国奇迹”提供了行动指南。新的征程上，我们要始终坚持以马克思主义为指导，并坚持在实践中不断丰富和发展马克思主义，继续推进马克思主义中国化时代化。

坚持将马克思主义作为指导思想，是中国共产党人遵循历史规律作出的智慧选择。指导思想是一个政党的精神旗帜，中国共产党人绝非随意地将马克思主义奉为圭臬，也不是无奈或冲动的选择，而是从历史血与火的教训中作出的抉择。近代以来，中华大地上无数仁人志士，面对山河破碎、亡国灭种的危局，多少主义和主张轮番出场，又一一破灭；多少道路和方式都探索了，又都一一碰壁。在长期救亡图存的斗争经验和十月革命成功实践基础上，中国先进分子比较研究了世界上最新的理论学说，最终选择、推动马克思主义走向中国这个未来最辉煌的舞台。中国共产党选择马克思主义，是因为马克思主义理论的科学性和革命性，为我们认识世界、改造世界提供了强大思想武器；是因为马克思主义鲜明的人民性品格，为我们党始终明晰“我是谁、为了谁、依靠谁”，不断追求“我将无我，不负人民”的精神境界指明了方向；是因为马克思主义的实践性特征，不仅满足了中国实践需要，而且在实践中一次又一次经受住了检验；是因为马克思主义的开放性特征，为我们党永葆生机活力提供了根本遵循。在黑暗的旧中国，马克思主义犹如壮丽日出，其唯物史观、阶级斗争学说、无产阶级政党理论、共产主义思想等先进理论，深深改变了中国人的思维方式，改变了中国革命。百年沧桑，尽管在各个历史时期面临着不同任务，遇到过各种挑战，但中国共产党一直把马克思主义写在自己的旗帜上。100 多年来，我们党以高度的自觉信仰马克思主义，铸就了全党全国各族人民团结一心的思想根基。可以说，中国共产党所取得的百年伟业，正是得益于我们明智地选择了马克思主义，科学发展了马克思主义，使它在中国大地上生根发芽、开花结果。

马克思主义深刻改变了中国。自从中国有了马克思主义，马克思主义的命运就同中国共产党的命运、中国人民的命运、中华民族的命运紧紧连在一起。习近平总书记在纪念马克思诞辰200周年大会上的重要讲话中指出："马克思主义不仅深刻改变了世界，也深刻改变了中国。"作为无产阶级执政党，在革命、建设、改革的历史进程中，我们党始终坚持马克思主义基本原理不动摇，把马克思主义作为认识世界、把握规律、追求真理、改造世界的强大思想武器，把马克思主义科学运用于解决中国革命、建设、改革各个历史时期的实际问题。[①] 在革命战争年代，我们党用马克思主义立场、观点和方法来观察和分析中国社会，明确了中国革命的性质、纲领，找到了中国革命的独特道路。28年前仆后继的浴血奋斗，中国共产党带领人民取得了革命的辉煌胜利，建立了新中国。新中国成立后，我们党用马克思主义的立场、观点和方法分析社会的现实和发展趋势，提出了过渡时期的总路线，并领导了社会主义改造运动，实现了社会主义革命的目标，在中国建立起社会主义基本制度。此后，我们党又领导全国人民全面建设社会主义，极大地激发了人民的建设热情，促进了我国经济社会的发展，建立起独立的、比较完整的工业体系和国民经济体系。决定中国前途命运的关键一招、一场伟大的

① 参见袁银传、刘秋月：《马克思主义是我们党的灵魂和旗帜　继续推进马克思主义中国化》，《人民日报》2021年9月23日。

社会革命——改革开放以来，在马克思主义指导下，我们党团结带领人民进行建设中国特色社会主义新的伟大实践，使中国大踏步赶上了时代，实现了中华民族从站起来到富起来的伟大飞跃。今天，中国特色社会主义进入新时代，中华民族迎来了从富起来到强起来的伟大飞跃，更加彰显了马克思主义的时代光芒，显示了马克思主义的创新活力。[①] 在马克思主义及其中国化成果的科学指导下，中国人民一步步走上了实现中华民族伟大复兴的康庄大道。由此可见，在当代中国，只有这一思想，而没有别的什么思想，能够解决中国特色社会主义、中华民族的前途命运问题。

继续不断开辟当代中国马克思主义发展新境界。改革开放40多年来，中国已经成为世界第二大经济体，成为世界经济增长的强劲引擎；中国脱贫攻坚的胜利举世瞩目；中国的科技创新持续发力，“新四大发明”让体验过的外国人交口称赞。当下中国在世界上崛起的事实充分证明，“历史和人民选择马克思主义是完全正确的，中国共产党把马克思主义写在自己的旗帜上是完全正确的，坚持马克思主义基本原理同中国具体实际相结合、不断推进马克思主义中国化时代化是完全正确的”[②]。正如2018年德国著名经济学家托马斯·库钦斯基所说，“中国共产党继承和发扬了马克思主义的灵魂，而且根据实际，写下了马克思主义的‘中国版’”[③]。真理之光，穿越历

① 参见刘建军：《马克思主义深刻改变了中国》，《求是》2018年第10期。

② 习近平：《在纪念马克思诞辰200周年大会上的讲话》（2018年5月4日），人民出版社2018年版，第14—15页。

③《真理之光更加灿烂——专家学者谈〈共产党宣言〉发表170周年》，新华网2018年2月23日。

史，照亮今天。在新时代坚持和发展中国特色社会主义，开辟马克思主义发展新境界，我们当代中国共产党人责无旁贷。一方面，我们共产党人要不忘初心、牢记使命。走在新时代的长征路上，没了围追堵截、战火烽烟，少了枪林弹雨、生死考验，理想信念会不会失去成色？信仰的价值会不会被多元社会消解？这是来自时代的叩问，也是源于现实、发人深省的警示。《共产党宣言》昭示："代替那存在着阶级和阶级对立的资产阶级旧社会的，将是这样一个联合体，在那里，每个人的自由发展是一切人的自由发展的条件。"[①] 秉持《共产党宣言》的精神，新时代，每一个中国共产党人，都必须牢记"为中国人民谋幸福，为中华民族谋复兴"的初心和使命。进入新时代，中国社会主要矛盾已经转化为人民日益增长的美好生活需要和不平衡不充分的发展之间的矛盾。人民内心始终蕴藏着的"每个人的自由而全面发展"的美好愿景，是我们的奋斗目标。另一方面，我们要在世界舞台上高高举起中国特色社会主义伟大旗帜。回顾所来径，烟雨莽苍苍。20 世纪 80 年代末 90 年代初，东欧剧变、苏联解体并没有证实美国政治学家福山的"历史终结论"。中国共产党带领人民不断丰富创新着的中国智慧和中国方案，愈发绽放出科学社会主义的无比活力。我们用自身的实践向世界证明，争取独立富强的国家和民族可以采取一种更新的选择，那就是：打破对西方式现代化路径的依赖，创造一条更具有活力的发展道路。新时代中国特色社会主义已经成为世界社会主义走向振兴当之无愧的中流砥柱。这是中国共产党人对世界社会主义运动的历史性贡献。

① [德] 马克思、恩格斯：《共产党宣言》，人民出版社 2018 年版，第 51 页。

[二]

不断推进马克思主义中国化时代化

理论唯有“常新”，才能“常青”。对于马克思主义理论，恩格斯指出：“我们的理论是发展着的理论，而不是必须背得烂熟并机械地加以重复的教条。”[①]《中共中央关于党的百年奋斗重大成就和历史经验的决议》强调：“党之所以能够领导人民在一次次求索、一次次挫折、一次次开拓中完成中国其他各种政治力量不可能完成的艰巨任务，根本在于坚持解放思想、实事求是、与时俱进、求真务实，坚持把马克思主义基本原理同中国具体实际相结合、同中华优秀传统文化相结合，坚持实践是检验真理的唯一标准，坚持一切从实际出发，及时回答时代之问、人民之问，不断推进马克思主义中国化时代化。”党的二十大报告指出：“推进马克思主义中国化时代化是一个追求真理、揭示真理、笃行真理的过程。”新时代呼唤新担当，中国共产党人必须接过前人的接力棒，肩负起在新时代赓续马克思主义中国化时代化的重任，使中国大地闪耀出更加灿烂的真理光芒。

百年党史，就是一部不断推进马克思主义中国化的历史。在党把马克思主义作为指导思想后，我们就开始探索如何认识和对待马克思主义、如何使马克思主义与中国实际相结合，创造性发展马克

①《马克思恩格斯文集》第10卷，人民出版社2009年版，第562页。

思主义。土地革命战争时期，各种各样的“左”倾和右倾错误，使红军丧失了中央革命根据地，被迫进行战略转移，给中国革命造成了巨大危害和损失，但正是在付出了这些代价以后，越来越多的共产党人认清了“左”倾教条主义错误的危害，认识到了实事求是发展马克思主义的重要性。那就是必须把马克思列宁主义基本原理同中国具体实际相结合，形成科学的理论认识，用中国化的马克思主义指导我们的事业，才能无往不胜。毛泽东的《实践论》《矛盾论》等文章，就阐明了马克思主义基本原理同中国革命具体实际之间的辩证关系，从哲学的高度论证了二者紧密结合的必要性，奠定了马克思主义中国化的理论基础。毛泽东在党的六届六中全会上的政治报告中第一次明确提出了“马克思主义中国化”这一科学命题，并对什么是马克思主义中国化、马克思主义为什么必须中国化、马克思主义中国化的原则等问题作了精辟论述，强调“马克思主义必须和我国的具体特点相结合并通过一定的民族形式才能实现”[①]。全会还以决议的形式，要求全党科学地“把马克思列宁主义及国际经验应用到中国每一个实际斗争中来”。这标志着中国共产党人在认识上实现了对于马克思主义的科学内涵和本质属性的质的飞跃。1942 年，延安整风运动就是着眼提高全党的马克思列宁主义水平，纠正党内各种非无产阶级思想，在全党范围内开展的思想解放运动。

在此基础上，党的七大强调指出：“毛泽东思想，就是马克思列宁主义的理论与中国革命的实践之统一的思想，就是中国的共产主

① 《毛泽东选集》第二卷，人民出版社 1991 年版，第 534 页。

义、中国的马克思主义。”[①] 大会将毛泽东思想确立为党的指导思想并写入党章。毛泽东思想是马克思列宁主义在中国的创造性运用和发展，是被实践证明了的关于中国革命和建设的正确的理论原则和经验总结，是马克思主义中国化的第一次历史性飞跃。党的十一届三中全会以后，以邓小平同志为主要代表的中国共产党人坚持解放思想、实事求是，作出把党和国家工作中心转移到经济建设上来、实行改革开放的历史性决策，开启了马克思主义中国化的创新发展阶段，创立了邓小平理论，成功开创了中国特色社会主义。世纪之交，世界风云变幻，我们党推进中国特色社会主义建设，加深了对什么是社会主义、怎样建设社会主义和建设什么样的党、怎样建设党的认识，形成了“三个代表”重要思想，成功把中国特色社会主义推向 21 世纪。进入 21 世纪，我们党提出全面建设小康社会的战略任务，深刻认识和回答了新形势下实现什么样的发展、怎样发展等重大问题，形成了科学发展观，成功在新形势下坚持和发展了中国特色社会主义。党的十八大以来，以习近平同志为主要代表的中国共产党人，就新时代坚持和发展什么样的中国特色社会主义、怎样坚持和发展中国特色社会主义，建设什么样的社会主义现代化强国、怎样建设社会主义现代化强国，建设什么样的长期执政的马克思主义政党、怎样建设长期执政的马克思主义政党等重大时代课题，提出一系列原创性的治国理政新理念新思想新战略，创立了习近平新时代中国特色社会主义思想。党的十九大把习近平新时代中国特色社会主义思想写入党章，确立为党必须长期坚持的指导思想，实

① 《刘少奇选集》（上卷），人民出版社 1981 年版，第 333 页。

现了党和国家指导思想的与时俱进。

要结合中国国情，继续推进马克思主义中国化时代化。《中共中央关于党的百年奋斗重大成就和历史经验的决议》指出："马克思主义理论不是教条而是行动指南，必须随着实践发展而发展，必须中国化才能落地生根、本土化才能深入人心。"这就是说，马克思主义中国化时代化要深入契合中国实际，才能焕发出强大的生命力。一方面，推进马克思主义中国化时代化必须同中国具体实际相结合。我们坚持以马克思主义为指导，是要运用其科学的世界观和方法论解决中国的问题，而不是要背诵和重复其具体结论和词句，更不能把马克思主义当成一成不变的教条。我们必须坚持解放思想、实事求是、与时俱进、求真务实，一切从实际出发，着眼解决新时代改革开放和社会主义现代化建设的实际问题，不断回答中国之问、世界之问、人民之问、时代之问，作出符合中国实际和时代要求的正确回答，得出符合客观规律的科学认识，形成与时俱进的理论成果，更好指导中国实践。

另一方面，推进马克思主义中国化时代化必须同中华优秀传统文化相结合。只有植根本国、本民族历史文化沃土，马克思主义真理之树才能根深叶茂。中华优秀传统文化源远流长、博大精深，是中华文明的智慧结晶，其中蕴含的天下为公、民为邦本、为政以德、革故鼎新、任人唯贤、天人合一、自强不息、厚德载物、讲信修睦、亲仁善邻等，是中国人民在长期生产生活中积累的宇宙观、天下观、社会观、道德观的重要体现，同科学社会主义价值观主张具有高度契合性。我们必须坚定历史自信、文化自信，坚持古为今用、推陈出新，把马克思主义思想精髓同中华优秀传统文化精华贯通起来、同人民群众日用而不觉的共同价值观念融通起来，不断赋予科学理论鲜明的中国特色，不断夯实马克思主义中国化时代化的历史基础和群众基础，让马克思主义在中国牢牢扎根。

要立足时代特征，继续推进马克思主义中国化时代化。马克思主义是不断发展的开放的理论，始终走在时代前列。习近平总书记指出，“我们要坚持用马克思主义观察时代、解读时代、引领时代，用鲜活丰富的当代中国实践来推动马克思主义发展”[①]。以毛泽东同志为主要代表的中国共产党人对中国道路进行了艰辛探索，在付出巨大牺牲、积累了一系列独创性经验之后作了理论概括，开辟了正确革命道路。今天，在经济全球化的时代背景下，社会发展的广度和深度远远超出了马克思主义经典作家当时的设想。这就要求我们在将马克思主义与中国国情相结合的基础上，坚持问题导向，不断吸收新的时代内容，在理论和实践上正确回答和解决中国与世界、现实与未来的一系列重大问题，并在此基础上彰显马克思主义中国化时代化的历史进程和重要意义，将马克思主义和新时代国情科学地结合在一起，继续发展当代中国马克思主义，使马克思主义焕发出更加灿烂的真理光芒。

①《习近平谈治国理政》第三卷，外文出版社2020年版，第76页。

[三]

全面贯彻习近平新时代中国特色社会主义思想

马克思说过："理论在一个国家实现的程度，总是决定于理论满足这个国家的需要的程度。"[①] 党的十八大以来，以习近平同志为核心的党中央，坚持把马克思主义基本原理同中国具体实际相结合、同中华优秀传统文化相结合，坚持毛泽东思想、邓小平理论、"三个代表"重要思想、科学发展观，深刻总结并充分运用党成立以来的历史经验，从新的实际出发，创立了习近平新时代中国特色社会主义思想。

习近平新时代中国特色社会主义思想是马克思主义中国化时代化的创新发展。中国共产党成立之初，就自觉坚持马克思主义的立场、观点和方法，用马克思主义武装头脑、指导实践、认识世界、改造世界。100多年来，我们党始终高举马克思主义旗帜，坚持实事求是，牢牢抓住中国革命发展的本质特点，领导中国人民从胜利不断走向新的胜利，迎来了从落后时代、跟上时代再到引领时代的伟大跨越，创造了人类历史上惊天地、泣鬼神的伟大史诗。当今世界，百年未有之大变局加速演变；当今中国，正经历着最为广泛而深刻的社会变革；当今时代，中华民族伟大复兴的时代已然开启。

① 《马克思恩格斯全集》第3卷，人民出版社2002年版，第209页。

习近平新时代中国特色社会主义思想正是立足时代之基、回答时代之问的科学理论。党的二十大报告将习近平新时代中国特色社会主义思想的主要内容概括为“十个明确”“十四个坚持”“十三个方面成就”。习近平新时代中国特色社会主义思想是当代中国马克思主义、21 世纪马克思主义，是中华文化和中国精神的时代精华，实现了马克思主义中国化时代化新的飞跃。习近平新时代中国特色社会主义思想，坚持“两个结合”，深刻回答了一系列时代课题，形成了系统、丰富、严密的科学理论体系。正是有了习近平新时代中国特色社会主义思想的指引，我们的事业才取得了举世瞩目的成就，我们的道路也越走越宽广，马克思主义、社会主义在世界上传播越来越广，中国特色社会主义的伟大旗帜在世界范围内越来越鲜明，成为 21 世纪科学社会主义发展的旗帜。

习近平新时代中国特色社会主义思想是国家政治的根本指针。马克思主义是我们立党立国、兴党强国的根本指导思想。中国共产党人的一切实践，首要是解决中国的现实问题。对于中国共产党人而言，马克思主义是进行革命、改造社会、建设社会主义的行动指南而不是理论教条。与中国具体实际高度结合的、本土化、中国化的马克思主义，更是我们坚持和发展中国特色社会主义的根本遵循。党和国家事业在党的十八大以来取得的历史性成就、发生的历史性变革，根本在于以习近平同志为核心的党中央的坚强领导和习近平新时代中国特色社会主义思想的科学指导。进入新时代，我们站到了新的时代坐标上，尽管生产力水平、综合国力、国际影响力显著提升，我们具备了前所未有的发展条件，但机遇往往与挑战并存，也面临着许多前所未有的困难和挑战。实现中华民族伟大复兴的时代课题，对我们党提出了前所未有的新挑战新要求。我们党在带领人民实现中华民族伟大复兴的同时，也不断开展自我革命，这是我们党持续走向新辉煌的重要法宝。习近平新时代中国特色社会主义思想，指导中华民族迎来从站起来、富起来到强起来的伟大飞跃，在解决顽疾难题，推动党和国家事业取得历史性成就、发生历史性变革，推进中华民族伟大复兴历史进程中展现出巨大的理论价值。

习近平新时代中国特色社会主义思想彰显世界眼光和人类情怀。习近平新时代中国特色社会主义思想基于人类发展前沿引领时代潮流和解决人类前途命运的重大问题，以宏伟的战略眼光，推动构建人类命运共同体，为世界贡献了中国智慧和中国方案，彰显出深邃智慧和博大胸怀。同时，中国经验极具世界意义，是一些国家可以学习、借鉴的。俄罗斯《独立报》在党的十九大结束后的一篇评述文章中指出，“中国为其他国家树立了榜样，中国的快速发展证明，中国经验对某些国家而言大有益处，值得践行”。习近平新时代中国特色社会主义思想站在全人类的高度，把国内问题与世界问题结合起来，深刻回答了“建设一个什么样的世界、如何建设这个世界”等人类未来走向的重大课题；把中国人民与世界人民紧密联系起来，超越了西方冷战对抗思维；把关注国内利益与关注世界利益统一起来，着力强调和平稳定、共同发展、沟通协调、合作共赢；把国际社会的关切期待与我们大国的责任担当结合起来，充分展现了中国构建人类命运共同体，走和平发展道路的自觉与自信。无论哪种思想，只有立足世界未来、关照人类现实，才能永续发展。习近平新时代中国特色社会主义思想既立足中国，又着眼世界，更着力于人类未来，其折射出的世界眼光和人类情怀，必然经得起历史和实践的检验。

在以习近平同志为核心的党中央的坚强领导下，我们已经取得了全面建成小康社会彪炳史册的成就，全国各族人民正意气风发地向着实现第二个百年奋斗目标、实现中华民族伟大复兴的中国梦进军。时代是思想之母，新时代的新思想指导着新征程和新实践。党的十八大以来的实践证明，全国人民高度拥护以习近平同志为核心的党中央的坚强领导，世界人民对习近平新时代中国特色社会主义思想给予了高度赞誉。面对中国强起来所带来的现实挑战和未知风险，我们要更加自觉地深入学习贯彻习近平新时代中国特色社会主义思想，切实用以武装头脑、指导实践、推动工作，将其转化为坚定理想、锤炼党性和指导实践、推动工作的强大力量，以新气象新作为创造新的历史伟业。

第五章

坚持独立自主

走自己的路，是党百年奋斗得出的历史结论。党历来坚持独立自主开拓前进道路，坚持把国家和民族发展放在自己力量的基点上，坚持中国的事情必须由中国人民自己作主张、自己来处理。只要我们坚持独立自主、自力更生，既虚心学习借鉴国外的有益经验，又坚定民族自尊心和自信心，不信邪、不怕压，就一定能够把中国发展进步的命运始终牢牢掌握在自己手中。

［一］

独立自主是我们立党立国的重要原则

独立自主是我们党从中国实际出发、依靠党和人民力量进行革命、建设、改革得出的历史结论，与实事求是、群众路线一起并称为毛泽东思想的活的灵魂。习近平总书记指出：“独立自主是中华民族的优良传统，是中国共产党、中华人民共和国立党立国的重要原则。在中国这样一个人口众多和经济文化落后的东方大国进行革命和建设的国情与使命，决定了我们只能走自己的路。”[1] 可以说，独立自主是中华民族精神之魂，是我们立党立国的重要原则。

我们党成立后的一段时间里，作为共产国际的一个支部，始终是在共产国际领导下开展工作的，无论在组织上还是政治上，自主性都受到极大的限制。大革命失败的惨痛教训证明，在当时的客观条件下，中国共产党人不可能像俄国十月革命那样通过首先占领中心城市来取得革命在全国的胜利，党迫切需要找到适合中国国情的革命道路。从进攻大城市转为向农村进军，是中国革命具有决定意义的新起点，党开始探索走自己的发展道路。在领导创建井冈山革命根据地和中华苏维埃共和国的长期复杂艰苦的革命实践中，毛泽东深刻认识到独立自主的重要性。他在《反对本本主义》一文中，尖锐地批评了教条主义者不从中国的实际出发，盲目执行上级指示，指出“中国革命斗争的胜利要靠中国同志了解中国情况”[2]，强调“马克思主义的‘本本’是要学习的，但是必须同我国的实际情况相结合”[3]。这些观点的提出，标志着独立自主原则的初步形成。

当时我们党内存在将苏联经验神圣化、共产国际指示教条化的错误，因而，很难真正独立自主地领导中国革命。特别是王明“左”倾教条主义错误在党内的领导，导致中央革命根据地第五次反“围剿”失败，中央红军主力不得不进行战略转移，经过艰苦卓绝的长征转战到陕北。“左”倾教条主义错误给革命根据地和白区革命力

---

① 习近平：《在纪念毛泽东同志诞辰 120 周年座谈会上的讲话》（2013 年 12 月 26 日），《人民日报》2013 年 12 月 27 日。

②《毛泽东选集》第一卷，人民出版社 1991 年版，第 115 页。

③ 同上书，第 111—112 页。

量造成极大损失。长征途中召开的遵义会议开启了党独立自主解决中国革命实际问题的新阶段，在最危急关头挽救了党、挽救了红军、挽救了中国革命。毛泽东后来说，“真正懂得独立自主是从遵义会议开始的”①。遵义会议事实上确立了毛泽东在党中央和红军的领导地位，开始确立了以毛泽东同志为主要代表的马克思主义正确路线在党中央的领导地位，开始形成以毛泽东同志为核心的党的第一代中央领导集体。这标志着党在政治上走向成熟，完全可以独立自主地承担起领导中国革命的重任。在这以后党战胜张国焘的分裂主义，胜利完成长征，打开了中国革命新局面。

抗日战争时期，我们党坚持抗日战争中的无产阶级领导权，坚持统一战线中的独立自主原则，坚持独立自主的游击战，建立抗日根据地，继续走农村包围城市的道路，最终把日本帝国主义驱逐出中国。但全民族抗战初期，从苏联归来的王明，却提出了“一切经过统一战线，一切服从统一战线”的口号，实际上相当于放弃了我们党在统一战线中的领导权，造成了党内同志思想上的混乱。对此，毛泽东明确提出要将独立自主原则与统一战线统一起来，无原则的让步就是投降。在1938年党的扩大的六届六中全会上，毛泽东针对王明的观点进行了深刻批评，指出这是“自己把自己的手脚束缚起来”②，统一战线中的独立自主是“既统一又独立”，所谓统一是指统一于抗战、团结和进步；所谓独立是指中国共产党在思想上、政治上、军事上、组织上保持自己的独立性。自此之后，独立自主原则正式在党内确立下

---

①《毛泽东文集》第八卷，人民出版社1999年版，第339页。

②《毛泽东选集》第二卷，人民出版社1991年版，第540页。

来，并被绝大多数党员理解和接受。这表明遵义会议以后的中国共产党，已经不是从某种教条出发，照搬共产国际决议和指示，而是善于运用马克思列宁主义总结经验，独立自主地从理论和实践上解决中国革命问题的政党。只有独立自主，才能不被来自外部的困难所压倒，才能克服各种艰难险阻，最终取得革命胜利。

在新中国成立前夕，毛泽东庄严宣布："中国必须独立，中国必须解放，中国的事情必须由中国人民自己作主张，自己来处理，不容许任何帝国主义国家再有一丝一毫的干涉。"[①] 党坚持独立自主的和平外交政策，倡导和坚持和平共处五项原则，坚定维护国家独立、主权、尊严，支持和援助世界被压迫民族解放事业、新独立国家建设事业和各国人民正义斗争，反对帝国主义、霸权主义、殖民主义、种族主义，彻底结束了旧中国的屈辱外交。至于与其他国家共产党的关系，我们党则提出反对大国沙文主义，反对干涉别国党内事务的原则。

在探索建设社会主义的问题上，中国曾经照搬过苏联进行社会主义建设的模式。第一个五年计划的实施，发现了这一模式的弊端。经过实际调查，1956 年 4 月，毛泽东在中共中央政治局扩大会议上作《论十大关系》的报告，其中的核心内容就是以苏为鉴，独立自主地建设自己的经济，调动国内外一切积极因素，为社会主义建设服务。从"以俄为师"到"以苏为鉴"的转变，表明我们党已经意识到不照搬照抄他国经验，根据本国国情走自己的路的重要性。1958 年 6 月 17 日，毛泽东在对第二个五年计划指标所作的批示中

①《毛泽东选集》第四卷，人民出版社 1991 年版，第 1465 页。

说，“自力更生为主，争取外援为辅，破除迷信，独立自主地干工业和农业，干技术革命和文化革命，打倒奴隶主义，埋葬教条主义，认真学习外国的好经验，也一定研究外国的坏经验——引以为戒，这就是我们的路线”。我们党必须独立自主地对中国社会主义现代化事业负责，也就是要按照中国自身的实际情况来探索解决中国革命和现代化建设问题。

党的十一届三中全会果断结束“以阶级斗争为纲”，实现党和国家工作中心战略转移，开启了改革开放和社会主义现代化建设新时期，实现了新中国成立以来党的历史上具有深远意义的伟大转折。在发展经济问题上，邓小平坚持解放思想，实事求是，科学地解决了独立自主与引进外援的关系问题，谱写出了一首中华大地上动人心弦的“春天的故事”。在科技领域，邓小平提出，对于像中国这样一个大的发展中国家，核心技术和关键领域不能依赖外国进口和援助，只能依靠中国人民自己的力量去解决。在邓小平的主持下，我国先后批准实施了“863 计划”“火炬计划”，为在高科技领域追赶发达国家奠定了基础。在涉及我国主权问题上，邓小平针锋相对，寸土不让，创造性提出“一个国家，两种制度”科学构想，开辟了以和平方式实现祖国统一的新途径。经过艰巨工作和斗争，我国政府相继对香港、澳门恢复行使主权，洗雪了中华民族百年耻辱。党的十三届四中全会以后，以江泽民同志为主要代表的中国共产党人，在涉及国家主权和领土完整的原则问题上，历来强调中国绝不屈服于外来压力。党的十六大以后，以胡锦涛同志为主要代表的中国共产党人，坚决反对任何外来势力干涉中国内部事务，强调在我们这样一个人口众多的发展中社会主义大国，任何时候都必须把独立自主、自力更生作为自己发展的根本基点，任何时候都要坚持中国人民自己选择的社会制度和发展道路，坚持中国的事情按照中国的情况来办，依靠中国人民自己的力量来办。

党的十八大以来，中国特色社会主义进入新时代。以习近平同志为核心的党中央统筹把握中华民族伟大复兴战略全局和世界百年未有之大变局，将独立自主原则放到中国与世界发展这个大视野下，提出中国的发展离不开世界的繁荣稳定，世界的发展也离不开中国的繁荣稳定，我们要坚持独立自主为主，引进外援为辅，并致力于构建人类命运共同体。在推动我国经济社会发展、深化经济体制改革方面，提出“鞋子合不合脚，自己穿了才知道”，强调一个国家怎样发展，按照什么样的节奏步骤推进，只有本国人民说了算，他国无权说三道四，指手画脚，我们坚决反对将他国意志强加在我们头上。在科技创新领域，一直高度重视我国自主创新能力建设，强调“关键核心技术是要不来、买不来、讨不来的”，我们只有依靠本国人民的智慧和力量，将核心技术牢牢掌握在自己手中才不会受制于人。在对外关系上，主张各个国家，无论大小、贫弱，一律平等，世界的前途命运应该由各个国家共同来掌握。在对待台湾问题上，主张一个中国的原则是我们解决台湾问题的基本立场，坚决反对任何势力、任何国家以任何形式分裂中国。在发展道路上，阐明中国特色社会主义道路是中国人民独立自主作出的选择，符合中国的国情。每个国家都有自己特殊的国情和历史，因而，在道路选择问题上不可能千篇一律，复制照搬，正如世界上不存在完全相同的两片树叶，也不可能有一种政治模式、政治道路适用于一切国家。

〔二〕

把国家和民族发展放在自己力量的基点上

习近平总书记指出："不论过去、现在和将来，我们都要把国家和民族发展放在自己力量的基点上，坚持民族自尊心和自信心，坚定不移走自己的路。"[①]"现在，国际上单边主义、贸易保护主义上升，我们必须坚持走自力更生的道路。"[②]站立在960多万平方公里的广袤土地上，吸吮着中华民族漫长奋斗积累的文化养分，拥有14亿多中国人民聚合的磅礴之力，我们走自己的路，具有无比广阔的舞台，具有无比深厚的历史底蕴，具有无比强大的前进定力。

在几千年的悠久历史中，中华民族一次次在逆境中奋进崛起，彰显了自力更生、奋发图强的精神，正如毛泽东深刻指出的那样："我们中华民族有同自己的敌人血战到底的气概，有在自力更生的基础上光复旧物的决心，有自立于世界民族之林的能力。"[③]坚持把国家和民族发展放在自己力量的基点上，深刻体现了马克思主义基本原理。一是群众史观原理。历史是人民群众创造的，人民群众创造了

---

① 习近平：《在纪念毛泽东同志诞辰120周年座谈会上的讲话》（2013年12月26日），《人民日报》2013年12月27日。

②《解放思想锐意进取深化改革破解矛盾　以新气象新担当新作为推进东北振兴》，《人民日报》2018年9月29日。

③《毛泽东选集》第一卷，人民出版社1991年版，第161页。

物质财富、精神财富，是社会变革的决定力量。一个国家、一个民族的建设成就，归根结底是依靠自己的人民实实在在干出来的。二是内外因原理。辩证法认为，事物发展的根本原因是内因，外因是条件，外因通过内因起作用。一个国家、一个民族的发展也需要内外因两个条件。坚持把国家和民族发展放在自己力量的基点上就是强调事物的内因起决定作用。

我们党在领导革命、建设、改革的长期实践中，历来坚持把国家和民族发展放在自己力量的基点上，独立自主开拓前进道路。诞生于民族危亡之际的中国共产党，始终运用马克思主义科学理论，客观分析中国实际，鲜明提出：一个党、一个国家、一个民族的革命建设事业，归根结底还是要依靠最广大人民群众，把立足点放在依靠自己力量的基础上。其核心要义是自信、自立、自强，独立自主地探索适合自己的发展道路，奋发图强把握自己的命运，艰苦奋斗办好自己的事情。抗日民族统一战线建立后，我们党坚持对八路军、新四军的绝对领导，坚持在敌后进行独立自主的游击战争，一方面挫败了以蒋介石为首的国民党企图消灭、限制、收编我军的妄想；另一方面也发展壮大了党和人民军队，为赢得抗日战争的最终胜利奠定了有利的基础。当抗战进入战略相持阶段，为了克服根据地物资供应紧张的困难，我们党又发动了轰轰烈烈的大生产运动，从上到下全部投入到火热的生产中去，织布做衣、种菜种粮，自己动手丰衣足食，靠着勤劳的双手将荒无人烟的南泥湾变成了陕北的好江南。我们党坚持独立自主，主要是依靠自己的力量，依靠人民的力量，打败一切中外反动派的。在改革开放过程中，邓小平指出："中国的事情要按照中国的情况来办，要依靠中国人自己的力量来办。独立自主，自力更生，无论过去、现在和将来，都是我们的立足点。”①

“伟大梦想不是等得来、喊得来的，而是拼出来、干出来的。”新征程上，把国家和民族发展放在自己力量的基点上，要紧紧依靠人民，坚持自力更生、艰苦奋斗，以坚如磐石的信心、只争朝夕的劲头、坚韧不拔的毅力，一步一个脚印把前无古人的伟大事业推向前进。

在扫除“等靠要”中最大限度地发挥主观能动性。把国家和民族发展放在自己力量的基点上，绝不是不讲条件、不讲科学、不讲规律，盲目简单地蛮干乱干，而是一切从实际出发，尊重和遵循客观规律，在此基础上充分调动人民群众的积极性、主动性、创造性，凝聚起推进中国特色社会主义事业的磅礴力量，为实现中华民族伟大复兴的中国梦共同奋斗。

在破除“悲观”“迷信”中着力增强自信心。100多年风云变幻、波涛汹涌，我们党领导人民依靠自身力量克服艰难险阻，依靠自主探索赢得斗争主动，不断锤炼中华优秀传统文化所传承的筚路蓝缕，艰难困苦、玉汝于成的坚强品格，不断弘扬在任何困难挑战压力面前绝不屈服的顽强精神，不断汇聚万众一心奔向民族复兴光辉彼岸的坚韧力量。习近平总书记豪迈地指出：“当今世界，要说哪个政党、哪个国家、哪个民族能够自信的话，那中国共产党、中华人民共和国、中华民族是最有理由自信的。”②我们党的自信、国家的自信、人民的自信，就源自百年独立自主、艰苦卓绝的奠基立业，源自中华

---

①《邓小平文选》第三卷，人民出版社1993年版，第3页。

② 习近平：《在庆祝中国共产党成立95周年大会上的讲话》（2016年7月1日），《人民日报》2016年7月2日。

民族迎来从站起来、富起来到强起来的伟大飞跃，源自实现从落后于时代、赶上时代到引领时代的伟大跨越，千锤百炼、历久弥坚。

在杜绝照抄照搬中切实提升创造力。“橘生淮南则为橘，生于淮北则为枳。”我们需要借鉴国外文明有益成果，但绝不能放弃中国制度的根本。中国有960多万平方公里国土面积、56个民族、14亿多人口，我们能照谁的模式办？谁又能指手画脚告诉我们该怎么办？对丰富多彩的世界，我们应该秉持兼容并蓄的态度，虚心学习他人的好东西，在独立自主的立场上把他人的好东西加以消化吸收，化成我们自己的好东西，但决不能囫囵吞枣、决不能邯郸学步。照抄照搬他国的制度模式行不通，会水土不服，会画虎不成反类犬，甚至会把国家前途命运葬送掉。只有扎根本国土壤、汲取充沛养分的制度模式，才最可靠，也最管用。

[三]

中国的事情必须由中国人民自己作主张

坚持独立自主，走自己的路，是党百年奋斗得出的历史结论。习近平总书记指出：“坚持独立自主，就要坚持中国的事情必须由中国人民自己作主张、自己来处理。”[1]我们党在领导革命、建设、改

① 习近平：《在纪念毛泽东同志诞辰120周年座谈会上的讲话》（2013年12月26日），《人民日报》2013年12月27日。

革的长期实践中，历来坚持独立自主开拓前进，这种独立自主的探索和实践精神，这种坚持走自己的路的坚定信心和决心，是我们党全部理论和实践的立足点，也是党和人民事业不断从胜利走向新的胜利的根本保证。

世界上没有放之四海而皆准的发展模式，也没有一成不变的发展道路。历史条件的多样性，决定了各国选择发展道路的多样性。人类历史上，没有一个民族、没有一个国家可以通过依赖外部力量、跟在他人后面亦步亦趋实现强大和振兴。那样做的结果，不是必然遭遇失败，就是必然成为他人的附庸。近代以后，由于西方列强入侵和封建统治腐败，中国逐渐成为半殖民地半封建社会。各种轮番出台的救国方案屡屡破产、各界救亡图存的抗争频遭失败的历史也证明，任何把国家和民族的前途命运寄希望于外人的设想和行动，都是不切实际的，任何不触动依附于帝国主义势力的旧社会根基的改良企图，都是根本行不通的。在中国这样历史悠久、人口众多、幅员辽阔的东方大国，要实现现代化，实现中华民族伟大复兴，不论过去、现在和将来，都只能由中国共产党领导人民依靠独立自主、艰苦奋斗来实现，中国的事情必须由中国人民自己作主张、自己来处理，任何外来力量都替代不了。

新中国成立之初，国家积贫积弱、一穷二白，人民生活极端贫困，工农业基础十分薄弱，国民经济几近崩溃。中国人民求生存、谋发展，难度之大超出想象。但是中国人民没有屈服，不受外界干扰，发扬独立自主、自力更生的精神，白手起家、艰苦奋斗，克服一切困难，摸着石头过河，聚精会神搞建设，一心一意谋发展，找到了适合自己发展的中国道路，干出了一片新天地。如我们在工业方面，建立了完备的工业体系，按照工业体系完整度来算，中国拥有 39 个工业大类、191 个中类、525 个小类，是全世界唯一拥有联合国产业分类中全部工业门类的国家，联合国产业分类中所列举的全部工业门类都能在中国找到。可以说，我们党和人民扎根中国大地、吸纳人类文明优秀成果、独立自主实现国家发展的战略是正确的，必须长期坚持、永不动摇。

坚持中国的事情必须由中国人民自己作主张，就是要坚定不移走中国特色社会主义道路，既不走封闭僵化的老路，也不走改旗易帜的邪路。我们要增强政治定力，增强道路自信、理论自信、制度自信、文化自信。我们要根据形势任务发展变化，通过全面深化改革，不断拓展中国特色社会主义道路，不断丰富中国特色社会主义理论体系，不断完善中国特色社会主义制度。我们要虚心学习借鉴人类社会创造的一切文明成果，但我们不能数典忘祖，不能照抄照搬别国的发展模式，也绝不会接受任何外国颐指气使的说教。

坚持中国的事情必须由中国人民自己作主张，就是要坚持独立自主的和平外交政策，坚定不移走和平发展道路。我们要高举和平、发展、合作、共赢的旗帜，坚持在和平共处五项原则基础上同各国友好相处，在平等互利基础上积极开展同各国的交流合作，坚定不移维护世界和平、促进共同发展。我们要根据事情本身的是非曲直决定自己的立场和政策，秉持公道，伸张正义，尊重各国人民自主选择发展道路的权利，绝不把自己的意志强加于人，也绝不允许任何人把他们的意志强加于中国人民。我们主张以和平方式解决国际争端，反对各种形式的霸权主义和强权政治，永远不称霸，永远不搞扩张。我们要坚决维护国家主权、安全、发展利益，任何外国不要指望我们会拿自己的核心利益做交易，不要指望我们会吞下损害我国主权、安全、发展利益的苦果。

坚持中国的事情必须由中国人民自己作主张，就是要坚持“独立自主、完全平等、互相尊重、互不干涉内部事务”的党际关系四项原则。党际关系四项原则是被实践证明完全正确、具有强大生命力的党际关系准则。按照这些原则要求，各国政党有权独立自主地根据本国国情选择自己国家的发展道路，决定自己的主张和施政纲领，处理党内一切事务；各国政党无论历史长短、人数多少、力量强弱、执政与否，都应该完全平等，各国政党应彼此尊重，承认任何政党都有自己的尊严和权利，彼此之间应相互学习、取长补短；任何政党的内部事务，都应由自己独立自主地处理、解决，各国政党之间相互交往，相互帮助，但决不能将自己的观点强加于人，干涉别国政党的内部事务。

［四］

坚持独立自主和对外开放相统一

坚持独立自主，绝不是要倡导狭隘的民族主义，更不是拒绝融入世界。习近平总书记指出：“这个世界，各国相互联系、相互依存的程度空前加深，人类生活在同一个地球村里，生活在历史和现实交汇的同一个时空里，越来越成为你中有我、我中有你的命运共同体。”[1]当今世界，各国之间的相互联系、相互依存日益紧密，开放是源头活水，合作是成事之基，任何一个国家要把自己关进封闭孤立的黑屋子，要同全球产业链、价值链、利益链完全脱钩，都无异于自残。这就要求我们坚定不移奉行互利共赢的开放战略，贯彻对外开放的基本国策，在开放合作中谋求自身发展，以自身发展推动建设开放型世界经济，恪守维护世界和平、促进共同发展的外交政策宗旨。

坚持独立自主和对外开放相统一，彰显我国国家制度和国家治理体系的显著优势，也是我国社会长期发展积累的宝贵经验。“独立自主是对外开放的基础和前提。只有在独立自主的前提下，才谈得上真正的对外开放。任何一个国家的建设和发展要取得成功，都必须紧紧依靠自己的力量。开放是由自主能力决定的，并随着自主能力的发展而发展变化。同时，对外开放有助于独立自主能力的增强。在对外开放过程中，吸收和利用世界先进科技、管理经验等，不仅能够加快本国经济发展，增强经济实力和综合国力，而且可以增强本国独立自主的能力。开放的过程也是经受锻炼、提升能力的过程。因此，独立自主与对外开放是相互贯通、相互促进的。”“新中国成立后，我们党坚持走独立自主的发展道路，带领全国人民在一穷二白的基础上取得社会主义建设的伟大成就。改革开放以来，我们党在坚持走自己的路的同时实行改革开放，既大力引进来又积极走出去，不断为我国经济社会发展注入新的动力和活力。党的十八大以

① 习近平：《顺应时代前进潮流　促进世界和平发展——在莫斯科国际关系学院的演讲》（2013 年 3 月 23 日，莫斯科），《人民日报》2013 年 3 月 24 日。

来，在以习近平同志为核心的党中央坚强领导下，我国形成全面开放新格局，提出共建‘一带一路’倡议，推动中国经济和世界经济深度融合、共同发展。实践证明，坚持独立自主和对外开放相统一是中国改革发展成功之道，也是社会主义现代化建设的必由之路。”①新征程上，推动我国经济社会持续健康发展，构建人类命运共同体，必须继续坚持独立自主和对外开放相统一。

最重要的是做好自己的事。唯有做好自己的事情，才有应对一切变局的底气。踏实沉着走好中国特色社会主义道路，始终坚持以人民为中心，始终坚持发展是第一要务，统筹推进“五位一体”总体布局，协调推进“四个全面”战略布局，向着建设社会主义现代化强国、实现中华民族伟大复兴的目标坚定前行；积极稳妥走好高质量发展之路，贯彻创新、协调、绿色、开放、共享新发展理念，加快建设现代化经济体系，更好满足人民日益增长的美好生活需要；努力铺就人民美好生活之路，以更大力度保障和改善民生，让改革发展成果更多更公平惠及广大人民群众，积极落实联合国2030年可持续发展议程，坚定不移走绿色发展之路，加快形成绿色发展方式和生活方式，引导应对气候变化国际合作，推动全球绿色、低碳、循环、可持续发展。

推动共建“一带一路”高质量发展。“一带一路”倡议是构建人类命运共同体的实践平台，是促进世界和平与发展的“船”和“桥”。坚持共同发展的方向，秉持共商共建共享的“黄金法则”，坚持开

① 丰子义：《坚持独立自主和对外开放相统一》，《人民日报》2020年8月11日。

放包容透明的合作理念，深化发展政策和规划对接；坚持以人民为中心的发展思想，始终注重民生导向，对接联合国2030年可持续发展议程，让共建“一带一路”成果更好惠及沿线国家全体人民，为当地经济社会发展作出实实在在的贡献；积极打造全球互联互通伙伴关系，努力提升基础设施互联互通水平，建设中欧班列、陆海新通道等国际物流和贸易大通道，发展经贸产业合作园区，推动经济走廊建设提质升级；坚持对接普遍接受的国际规则标准和最佳实践，推动企业在项目建设、运营、采购、招投标等环节与广泛接受的国际规则标准接轨，确保项目在经济、社会、财政、环境等方面的可持续性，建设绿色之路、廉洁之路、创新之路；逐步建设多层次的合作架构，建设好、维护好、发展好各类双边、三边和多边合作平台，使之相辅相成、相互促进，为共建“一带一路”提供有力机制支撑。

将中国开放的大门越开越大。打造开放型合作平台，以更低的关税水平、更短的负面清单、更便利的市场准入、更透明的市场规则、更有吸引力的营商环境，打造更高层次的开放型经济，为全球创造更多增长机遇、转型机遇、创新机遇；坚决反对单边主义、保护主义，坚定维护以世界贸易组织为核心的多边贸易体制，在平等和相互尊重基础上深化与各国合作，共同维护全球经济贸易稳定和发展；加快推进区域经济一体化，加快实施自由贸易区战略，构建立足周边、辐射“一带一路”沿线、面向全球的高标准自由贸易区网络，落实《区域全面经济伙伴关系协定》，加快推进中日韩自贸区等谈判进程，推动亚太自贸区和东亚经济共同体建设，支持非洲大陆自贸区建设，推进区域经济一体化，促进贸易和投资自由化便利化，让经济全球化的动力更加强劲。

构建越来越大的朋友圈。随着中国开放的大门越来越大，中国的朋友会越来越多，我们要继续结识新朋友，不忘老朋友。既要处理好与大国的关系，又要发展同周边国家的友好关系，还要坚定地做发展中国家的好朋友。要推动中美、中俄、中欧关系健康发展。构建亲诚惠容的邻国关系，践行亲诚惠容理念和与邻为善、以邻为伴的周边外交方针，以"一带一路"为平台，继续与周边国家增进互信互助，推进互联互通，深化互利合作，维护和平安宁，让中国发展成果更多惠及周边，为构建周边命运共同体汇聚力量，始终做周边区域合作引领者、地区和平发展守望者；构建真诚互助的发展中国家关系，秉持真实亲诚理念和正确义利观，加强与发展中国家团结合作。构建更加紧密的中非命运共同体，不断深化平等互利、共同发展的中拉全面合作伙伴关系，不断深化全面合作、共同发展、面向未来的中阿战略伙伴关系，为南南合作注入新动力。

第六章

坚持中国道路

方向决定前途，道路决定命运。无论是搞革命、搞建设，还是搞改革，道路问题都是最根本的问题。我们党在革命、建设、改革各个历史时期，探索并形成了符合中国实际的新民主主义革命道路、社会主义改造和社会主义建设道路、中国特色社会主义道路，使中华民族大踏步赶上时代潮流，正以前所未有的自信姿态，日益走近世界舞台中央。走自己的路，是党的全部理论和实践的立足点，是党百年奋斗积累的历史经验和得出的历史结论。

［一］

道路就是党的生命

习近平总书记鲜明指出："道路就是党的生命。"[①] 选择什么样的道路，关乎党的命脉、国家前途、民族命运、人民幸福。100 多年来，我们党在马克思主义指导下，领导人民不懈奋斗、不断进取，

---

① 习近平：《关于坚持和发展中国特色社会主义的几个问题》，《求是》2019 年第 7 期。

付出千辛万苦，成功开辟了实现中华民族伟大复兴的正确道路。对此，我们应当倍加珍惜、长期坚持。

中国道路是历史的结论。一个国家走什么样的道路，关键要看这条道路能否解决这个国家面临的历史性课题。1840 年鸦片战争以来，中华民族积贫积弱、任人宰割。在民族危亡之际，不少仁人志士开始求得民族独立、人民解放的艰辛探索。在中国大地上，改良主义、自由主义、社会达尔文主义、无政府主义、工团主义等思潮和救国方案轮番上场，救亡图存运动不断兴起，其中影响较为重大的有农民阶级发起的太平天国运动、地主阶级改良派开展的洋务运动、资产阶级维新派推进的“百日维新”、资产阶级革命派发动的辛亥革命等。但这些运动最终都失败了。中国迫切需要新的思想引领救亡运动，迫切需要新的组织凝聚革命力量。1917 年，俄国十月革命一声炮响，给中国送来了马克思列宁主义，给长期在黑暗中探索的中国人民带来了解放的曙光，不少先进分子开始尝试用社会主义道路使中华民族走出内忧外患的艰难处境。1921 年 7 月，中国共产党应运而生，中国革命从此有了自己的主心骨，中国人民从精神上由被动转为主动。从那时起，中华民族发展的方向和进程、前途和命运发生了根本改变，中国人民结束了在黑暗中摸索前进的历史，开始以自觉、自信、自强的昂扬精神状态进行革命。在中国共产党领导下，中国的救亡图存运动进入一个崭新阶段，走上由无产阶级领导的以建立民主共和国为最终目标的新民主主义革命道路，这个革命的前途是社会主义，最终目标是实现共产主义。选择走马克思主义指引的道路而不是别的什么道路，这是近代以来中国历史发展的必然选择。

中国道路是经验教训的深刻总结。在中国这样一个有着两千多年封建历史、以农民为人口主体的国家进行革命、建设、改革，马克思主义只是给出了基本原理和科学方向，并没有给出具体答案。如何把马克思主义的基本原理同中国具体实际相结合，中国共产党人经过了艰辛探索，付出了巨大代价。大革命时期，年幼的中国共产党对于工人运动、农民运动高度重视，掀起了工农运动的高潮，但由于没有建立和掌握人民自己的武装，当蒋介石、汪精卫相继背叛革命、举起屠刀时，一大批革命者倒在血泊中。据不完全统计，从 1927 年 3 月到 1928 年上半年，被杀害的共产党员和革命群众达 31 万多人，其中共产党员 2.6 万多人，被监禁的有 4600 多人。但腥风血雨没有吓倒共产党人，“他们从地下爬起来，揩干净身上的血迹，掩埋好同伴的尸首，他们又继续战斗了”。从 1927 年南昌起义之后，我们党开始创建和掌握人民军队，并在以毛泽东同志为主要代表的正确路线领导下，创造性地把马克思主义基本原理与中国具体实际相结合，摸索出“农村包围城市，武装夺取政权”的新型革命道路。1949 年中华人民共和国的成立，标志着这条道路的彻底胜利，中国人民从此站起来了。新中国成立后，我们在较短时间内确立了社会主义的基本制度，形成了建设社会主义的初步理论和实践成果，但也经历了前进中的挫折，使社会主义事业受到严重影响。1978 年 12 月，在新中国历史上具有重大转折意义的党的十一届三中全会召开。会议否定了“两个凡是”的错误方针，停止使用“以阶级斗争为纲”的错误口号，作出了把党和国家的工作重点和全国人民的注意力转移到社会主义现代化建设上来和全面实行改革开放的重要决定。从此，我们党摆脱了“左”倾错误路线的长期束缚，使我国进入了改革开放和社会主义现代化建设新时期。在这一时期，我国综合国力持续快速增长，人民生活水平得到极大改善，中国人民开始富起来了。党的十八大以来，以习近平同志为核心的党中央，以伟大的历史主动精神、巨大的政治勇气、强烈的责任担当，统筹国内国际两个大局，全面贯彻党的基本理论、基本路线、基本方略，统揽伟大斗争、伟大工程、伟大事业、伟大梦想，坚持稳中求进工作总基调，采取一系列战略性举措，推进一系列变革性实践，实现一系列突破性进展，取得一系列标志性成果，经受住了来自政治、经济、意识形态、自然界等方面的风险挑战考验，党和国家事业取得历史性成就、发生历史性变革，推动我国迈上全面建设社会主义现代化国家新征程。中华民族迎来了从站起来、富起来到强起来的伟大飞跃。

［二］

中国特色社会主义是实现中华民族伟大复兴的必由之路

习近平总书记指出："历史已经并将继续证明，只有社会主义才能救中国，只有坚持和发展中国特色社会主义才能实现中华民族伟大复兴。"[①] 中国特色社会主义是科学社会主义理论逻辑和中国社会

① 习近平：《在第十三届全国人民代表大会第一次会议上的讲话》（2018 年 3 月 20 日），《人民日报》2018 年 3 月 21 日。

发展历史逻辑的辩证统一，是根植于中国大地、反映中国人民意愿、适应中国和时代发展进步要求的科学社会主义。只有坚定不移地坚持和完善中国特色社会主义的根本制度，才能确保社会主义中国永远不变质、不变色、不变味，始终为发展人民福祉、实现民族复兴而不懈奋斗。

中国特色社会主义是社会主义而不是其他什么主义。改革开放以来，特别是社会主义市场经济体制建立以来，国内外一些人对于中国现在走的是不是社会主义道路提出疑问，别有用心的人甚至认为中国搞的是“中国特色资本主义”“资本社会主义”“国家资本主义”。针对这些错误言论，习近平总书记明确指出：“我们党始终强调，中国特色社会主义，既坚持了科学社会主义基本原则，又根据时代条件赋予其鲜明的中国特色。这就是说，中国特色社会主义是社会主义，不是别的什么主义。”[①]之所以这样说，原因就在于中国特色社会主义始终坚持了科学社会主义的基本原则，主要有三点：一是坚持了科学社会主义的经济原则。经济基础决定上层建筑，有什么样的经济基础就会产生什么样的上层建筑。改革开放以来，我们党始终坚持公有制为主体、多种所有制经济共同发展的基本经济制度，把其作为中国特色社会主义制度的重要组成部分。2021年12月召开的中央经济工作会议，明确提出要为资本设置“红绿灯”，依法加强对资本的有效监管，防止有些资本野蛮生长，进一步昭示了我国的社会主义性质。二是坚持了科学社会主义的政治原则。中国

① 中共中央文献研究室编：《十八大以来重要文献选编》（上），中央文献出版社2014年版，第109页。

特色社会主义是人民的主义，是确保人民当家作主的政治安排。党的十八大以来，以习近平同志为核心的党中央鲜明提出“以人民为中心”的发展思想，坚持人民主体地位，坚持立党为公、执政为民，把最广大人民根本利益作为党的一切工作的最高标准，大力推进共同富裕，让全体人民共享改革发展的成果，从根本上保证了人民作为历史主体的地位和作用。社会主义制度是在无产阶级革命的推动下建立起来的。中国共产党领导，是中国特色社会主义最本质的特征，是中国特色社会主义制度的最大优势。中国共产党是中国特色社会主义事业的领导核心，处在总揽全局、协调各方的地位。党政军民学，东西南北中，党是领导一切的，是最高政治领导力量。坚持党的领导，是中国特色社会主义的根本政治保证。三是坚持了科学社会主义的文化原则。马克思指出：“统治阶级的思想在每一时代都是占统治地位的思想。”[①] 坚持马克思主义在意识形态领域的指导地位，是科学社会主义的必然要求。苏联之所以解体，一个重要原因就是苏共主动放弃马克思主义的指导地位，造成思想文化领域极大混乱，对社会主义制度的合法性、合理性产生了极大冲击。我们党始终坚持马克思主义的指导地位，持续推进马克思主义中国化时代化，并创立习近平新时代中国特色社会主义思想这一当代中国马克思主义、21 世纪马克思主义。我们党持续用马克思主义武装全党、教育人民，不断推进社会主义核心价值体系建设，使全体人民始终保持昂扬向上的精神风貌和奋发有为的精神状态。

中国特色社会主义深刻改变了中国的面貌。20 世纪六七十年代，

① 《马克思恩格斯选集》第 1 卷，人民出版社 2012 年版，第 178 页。

人类科技进步日新月异，世界经济处于快速发展期。但由于“文化大革命”导致中国远远落后于时代。党的十一届三中全会以后，以邓小平同志为主要代表的中国共产党人，围绕什么是社会主义、怎样建设社会主义这一根本问题，借鉴世界社会主义历史经验，创立了邓小平理论，成功开创了中国特色社会主义。党的十三届四中全会以后，以江泽民同志为主要代表的中国共产党人，加深了对什么是社会主义、怎样建设社会主义和建设什么样的党、怎样建设党的认识，形成了“三个代表”重要思想，成功把中国特色社会主义推向 21 世纪。党的十六大以后，以胡锦涛同志为主要代表的中国共产党人，深刻认识和回答了新形势下实现什么样的发展、怎样发展等重大问题，形成了科学发展观，成功在新形势下坚持和发展了中国特色社会主义。党的十八大以来，以习近平同志为主要代表的中国共产党人，坚持把马克思主义基本原理同中国具体实际相结合、同中华优秀传统文化相结合，坚持毛泽东思想、邓小平理论、“三个代表”重要思想、科学发展观，深刻总结并充分运用党成立以来的历史经验，从新的实际出发，创立了习近平新时代中国特色社会主义思想。在习近平新时代中国特色社会主义思想指引下，以习近平同志为核心的党中央统筹国内国际两个大局，统筹推进“五位一体”总体布局、协调推进“四个全面”战略布局，坚持和完善中国特色社会主义制度、推进国家治理体系和治理能力现代化，稳妥应对各种风险挑战，推动党和国家事业取得历史性成就、发生历史性变革。2020 年以来，在百年一遇的新冠病毒感染疫情面前，我们坚持生命至上、举国同心、舍生忘死、尊重科学、命运与共，率先打赢了疫情防控阻击战，创造了人类与传染病斗争史上的奇迹。在这场大考面前，中国特色社会主义所具有的非凡的组织动员能力、统筹协调能力、贯彻执行能力，以及集中力量办大事、办难事、办急事的独特优势，得到了充分彰显。

增强自信保持定力，坚定不移走自己的路。2012 年 11 月，习近平总书记在参观《复兴之路》展览时强调，“找到一条正确的道路多么不容易，我们必须坚定不移走下去”。我们党在 70 多年风风雨雨中探索和发展的中国特色社会主义道路，是一条适合中国国情、得到人民拥护的人间正道，必须毫不动摇地坚持和完善。一是坚定中国道路自信。从根本上说，中国特色社会主义道路自信，源于伟大成就。改革开放 40 多年来，我国国内生产总值从 1978 年的 3679 亿元，增长到 2022 年的 121.02 万亿元；全国居民人均可支配收入从 1978 年的 171 元增长到 2022 年的 36883 元；我国已成为世界第二大经济体、第一大工业国、第一大货物贸易国、第一大外汇储备国……这些来之不易的成就，是我们增强中国特色社会主义道路自信最大的底气。二是坚持顺应民心。“鞋子合不合脚，自己穿了才知道。”一个国家的发展道路合不合适，只有这个国家的人民才最有发言权。中国道路的正确性，不是说出来的，而是干出来的，是人民在切身利益的巨大改善中深切感受到的。改革开放 40 多年来，大多数中国人的“大件”消费发生了天翻地覆的变化，从过去的手表、自行车、缝纫机、冰箱、彩电、洗衣机，到今天的住房、汽车，生动反映出人民生活水平的极大提高。特别是 2021 年，我们党带领人民打赢脱贫攻坚战，历史性地解决困扰中华民族几千年的绝对贫困问题，使人民生活更有兜底性的保障。美国《华盛顿邮报》在 2020 年 4 月武汉解封后不久，作了一个网上 19816 人的调查，数据显示，中国民众对中央政府的信任度为98%。这充分说明党的十八大以来，中国人民对中国特色社会主义的认同度更高了。党员干部有使命有责任把人民衷心拥护的这条正确道路坚持好、发展好。三是把增强政治定力作为全体党员应对风险考验最基本的政治要求。我们正在进行具有许多新的历史特点的伟大斗争，取得这场伟大斗争的胜利，必须有强大的战略定力和沉着冷静的行动能力，不为任何风险所惧，不为任何干扰所惑，既不走封闭僵化的老路，也不走改旗易帜的邪路，在纷繁复杂的形势变化中始终坚持正确方向。

〔三〕

中国道路创造了人类文明新形态

党的二十大报告指出："在新中国成立特别是改革开放以来长期探索和实践基础上，经过十八大以来在理论和实践上的创新突破，我们党成功推进和拓展了中国式现代化。"中国共产党百年来团结带领中国人民所进行的一切奋斗，就是为了把我国建设成为现代化强国，实现中华民族伟大复兴。在这个过程中，我们党对建设社会主义现代化国家在认识上不断深入、在战略上不断成熟、在实践上不断丰富，开创了中国式现代化道路，创造了人类文明新形态。

中国式现代化，深深植根于中华优秀传统文化，体现科学社会主义的先进本质，借鉴吸收一切人类优秀文明成果，代表人类文明进步的发展方向，展现了不同于西方现代化模式的新图景，是一种全新的人类文明形态。中国式现代化，打破了“现代化=西方化”的迷思，展现了现代化的另一幅图景，拓展了发展中国家走向现代化的路径选择，为人类对更好社会制度的探索提供了中国方案。中国式现代化蕴含的独特世界观、价值观、历史观、文明观、民主观、生态观等及其伟大实践，是对世界现代化理论和实践的重大创新。中国式现代化为广大发展中国家独立自主迈向现代化树立了典范、提供了全新选择。

中国式现代化，是中国共产党领导的社会主义现代化，既有各国现代化的共同特征，更有基于自己国情的中国特色。2023年2月7日，习近平总书记在新进中央委员会的委员、候补委员和省部级主要领导干部学习贯彻习近平新时代中国特色社会主义思想和党的二十大精神研讨班开班式上指出：“一个国家走向现代化，既要遵循现代化一般规律，更要符合本国实际，具有本国特色。中国式现代化既有各国现代化的共同特征，更有基于自己国情的鲜明特色。党的二十大报告明确概括了中国式现代化是人口规模巨大的现代化、是全体人民共同富裕的现代化、是物质文明和精神文明相协调的现代化、是人与自然和谐共生的现代化、是走和平发展道路的现代化这5个方面的中国特色，深刻揭示了中国式现代化的科学内涵。这既是理论概括，也是实践要求，为全面建成社会主义现代化强国、实现中华民族伟大复兴指明了一条康庄大道。”以中国式现代化全面推进中华民族伟大复兴，必须切实把握好基于自己国情的中国特色。

中国式现代化是人口规模巨大的现代化。我国14亿多人口整体迈进现代化社会，规模超过现有发达国家人口的总和，艰巨性和复杂性前所未有，发展途径和推进方式也必然具有自己的特点。我们要始终从国情出发，想问题、作决策、办事情，既不好高骛远，也不因循守旧，保持历史耐心，坚持稳中求进，循序渐进，持续推进。坚持集中精力办好自己的事，继续抓住并用好重要战略机遇期，在准确把握历史规律、时代大势、发展条件基础上科学谋划、积极作为、顺势而为，在一步一个脚印的扎实推进中破解难题、实现目标。

中国式现代化是全体人民共同富裕的现代化。共同富裕是中国特色社会主义的本质要求，也是一个长期的历史过程。中国式现代化坚持把实现人民对美好生活的向往作为现代化建设的出发点和落脚点，着力维护和促进社会公平正义，着力促进全体人民共同富裕，坚决防止两极分化。要坚持以人民为中心的发展思想，在高质量发展中促进共同富裕，自觉积极主动地解决地区差距、城乡差距、收入分配差距，提高发展的平衡性、协调性、包容性。在共同奋斗中促进共同富裕，鼓励勤劳创新致富，为人民提高受教育程度、增强发展能力创造更加普惠公平的条件，防止社会阶层固化，畅通向上流动通道，给更多人创造致富机会。正确处理效率和公平的关系，构建初次分配、再分配、第三次分配协调配套的基础性制度安排，建立科学的公共政策体系，让发展成果更多更公平惠及全体人民。坚持尽力而为、量力而行，把保障和改善民生建立在经济发展和财力可持续的基础上，重点加强基础性、普惠性、兜底性民生保障建设。全体人民共同富裕不是少数人的富裕，也不是整齐划一的平均主义。要允许一部分人先富起来，同时要强调先富带后富、帮后富。要坚持循序渐进，充分估计长期性、艰巨性、复杂性，实打实把一件件事办好，扎实推进共同富裕。

中国式现代化是物质文明和精神文明相协调的现代化。物质富足、精神富有是社会主义现代化的根本要求。物质贫困不是社会主义，精神贫乏也不是社会主义。中国特色社会主义是全面发展、全面进步的伟大事业，没有社会主义文化繁荣发展，就没有社会主义现代化。要不断厚植现代化的物质基础、不断夯实人民幸福生活的物质条件，同时大力发展社会主义先进文化，加强理想信念教育，传承中华文明，促进物的全面丰富和人的全面发展。要坚持马克思主义在意识形态领域的指导地位，不断推进马克思主义中国化时代化。大力弘扬和践行社会主义核心价值观，通过教育引导、舆论宣传、文化熏陶、实践养成、制度保障等，使社会主义核心价值观内化为人们的精神追求、外化为人们的自觉行动。推动理想信念教育常态化制度化，加强党史、新中国史、改革开放史、社会主义发展史教育，加强爱国主义、集体主义、社会主义教育，促进全体人民在思想上精神上紧紧团结在一起。推动中华优秀传统文化创造性转化、创新性发展，继承革命文化，发展社会主义先进文化，建设社会主义文化强国。坚持把社会效益放在首位、社会效益和经济效益相统一，推进文化事业和文化产业全面发展，繁荣文艺创作，完善公共文化服务体系，为人民提供更多更好的精神食粮。

中国式现代化是人与自然和谐共生的现代化。人与自然是生命共同体，无止境地向自然索取甚至破坏自然必然会遭到大自然的报复。中国式现代化既要创造更多物质财富和精神财富以满足人民日益增长的美好生活需要，也要提供更多优质生态产品以满足人民日益增长的优美生态环境需要。我们必须把握好发展与保护的关系，决不能走“先污染后治理”的路子。要坚持可持续发展，坚持节约优先、保护优先、自然恢复为主的方针，像保护眼睛一样保护自然和生态环境，坚定不移地走生产发展、生活富裕、生态良好的文明发展道路，实现中华民族永续发展。践行绿水青山就是金山银山理念，坚持不懈推动绿色低碳发展，把实现减污降碳协同增效作为促进经济社会发展全面绿色转型的总抓手，加快推动产业结构、能源结构、交通运输结构、用地结构调整，形成绿色发展方式。加快形成节约资源和保护环境的空间格局，把经济活动、人的行为限制在自然资源和生态环境能够承受的限度内，给自然生态留下休养生息的时间和空间。集中攻克老百姓身边的突出生态环境问题，坚持精准治污、科学治污、依法治污，以更高标准打好蓝天、碧水、净土保卫战。推进山水林田湖草沙一体化保护和修复，加快构建以国家公园为主体的自然保护地体系，加强生物多样性保护，提升生态系统质量和稳定性。建立健全体制机制和政策体系，完善环境保护、节能减排约束性指标管理，提高生态环境治理体系和治理能力现代化水平。

中国式现代化是走和平发展道路的现代化。我国不走一些国家通过战争、殖民、掠夺等方式实现现代化的老路，那种损人利己、充满血腥罪恶的老路给广大发展中国家人民带来深重苦难。我们坚定站在历史正确的一边、站在人类文明进步的一边，高举和平、发展、合作、共赢旗帜，在坚定维护世界和平与发展中谋求自身发展，又以自身发展更好维护世界和平与发展。坚持胸怀天下，坚持独立自主的和平外交政策，坚持相互尊重、平等协商，以对话弥合分歧，以谈判化解争端，反对一切形式的霸权主义、强权政治，推动各国共同走和平发展道路，推动建设新型国际关系。推进合作共赢开放体系建设，全面提高对外开放水平，推动贸易和投资自由化便利化，推动共建“一带一路”高质量发展，支持开放、透明、包容、非歧视的多边贸易体制。积极发展全球伙伴关系，同世界各国增进政治互信、深化务实合作。坚持不懈推动完善全球治理，坚定维护以联合国为核心的国际体系、以国际法为基础的国际秩序、以联合国宪章宗旨和原则为基础的国际关系基本准则，维护和践行真正的多边主义，积极推动经济全球化朝着更加开放、包容、普惠、平衡、共赢的方向发展。

第七章

坚持胸怀天下

大道之行，天下为公。我们党自诞生之日起，就始终以世界眼光关注人类前途命运，从人类发展大潮流、世界变化大格局、中国发展大历史正确认识和处理同外部世界的关系，坚持开放、不搞封闭，坚持互利共赢、不搞零和博弈，坚持主持公道、伸张正义，站在历史正确的一边，站在人类进步的一边，推动历史车轮向着光明的前途前进。

［一］

党始终以世界眼光关注人类前途命运

我们党在各个历史时期，都把实现共产主义和全人类的解放作为崇高理想，在实现民族独立的进程中有力维护了国际正义，是反法西斯东方战场的重要领导力量；在革命、建设的进程中，始终坚持为第三世界人民发声，无私支援广大亚非拉国家，推动世界人民大团结；在改革开放的新时期，坚持不搞封闭，坚持互利共赢，不断推动构建更加公平合理的国际政治经济新秩序；进入新时代，习近平总书记创造性地提出人类命运共同体理念，紧扣世界百年未有之大变局，勇于担当国际责任，不断推进人类文明向着更加光明的方向前进。

坚持以世界眼光看待自身，成立伊始即与世界紧密连接。1921年，中国共产党在嘉兴南湖的红船上诞生，从此中国革命有了坚强有力的领导力量，整个中国革命的面貌也焕然一新。中国共产党的诞生具有历史必然性，既有特定的历史背景，更有深厚的社会基础。中国共产党诞生的20世纪20年代，国际形势风云变幻，各种社会思潮风起云涌，马克思主义在中国得到了广泛的传播。马克思主义充分反映了广大无产阶级实现自身解放的迫切愿望，同时也揭示了经济社会发展的规律，是中国工人阶级反对帝国主义、封建主义、官僚资本主义的科学武器。中国共产党第二次全国代表大会旗帜鲜明地提出了党的最高纲领和最低纲领，规定党的最低纲领是“消除内乱，打倒军阀，建设国内和平；推翻国际帝国主义的压迫，达到中华民族完全独立；统一中国为真正民主共和国”，党的最高纲领是“组织无产阶级，用阶级斗争的手段，建立劳农专政的政治，铲除私有财产制度，渐次达到一个共产主义的社会”。在实现党的纲领、领导中国革命的过程中，中国共产党妥善处理了与国际社会，特别是共产国际之间的关系，在残酷的斗争实践中逐渐加深了对中国革命的认识，实现了马克思主义的中国化，创立了毛泽东思想，指引中国革命走向胜利。

以世界眼光看待东方战场，为战胜法西斯作出卓越贡献。伴随着资本主义世界经济危机的深入发展，帝国主义之间矛盾日益加剧，法西斯主义势力先后在意大利、德国、日本上台，并成立邪恶轴心，对整个世界和平和人类发展都构成了巨大的现实威胁。当时的中国，国民党反动派对中国共产党和革命群众进行残酷镇压，我们党在革命根据地进行着艰苦卓绝的斗争。随着日本帝国主义对中国侵略的步步紧逼和整个国际局势的进一步恶化，我们党敏锐地认识到，中国人民同日本帝国主义之间的矛盾已经超越国内的阶级矛盾上升为当时的主要矛盾，中国人民的抗日战争对于世界反法西斯战争具有重要意义。1931 年九一八事变后，我们党为建立以国共合作为基础的抗日民族统一战线进行了长期不懈的努力。1933 年 1 月，我们党发表宣言，首次提出红军准备在三个条件下与任何武装部队订立共同对日作战的协定。1935 年 8 月 1 日，中国共产党驻共产国际代表团草拟了《中国苏维埃政府、中国共产党中央为抗日救国告全体同胞书》(《八一宣言》)，10 月 1 日以中华苏维埃共和国中央政府和中国共产党中央委员会的名义在法国巴黎出版的《救国报》上发表。《八一宣言》再次明确表示，只要国民党军队停止进攻苏区，实行对日作战，红军愿立刻与之携手，共同救国。1935 年 12 月，中共中央政治局在瓦窑堡召开扩大会议，会议从理论和政策上正式确立了中国共产党关于建立抗日民族统一战线策略的总路线。1936 年 12 月 12 日，震惊世界的西安事变爆发，我们党从民族大义出发，不计前嫌，积极推动西安事变和平解决。1937 年 7 月 7 日，卢沟桥事变爆发，我们党随即发布通电，号召中国军民团结起来，抵抗日本侵略，随后拟定《为公布国共合作宣言》。1937 年 8 月 22 日至 25 日，中共中央在陕北洛川召开政治局扩大会议（洛川会议），通过《抗日救国十大纲领》，之后中共中央军委发布命令，红军改编为八路军，南方红军游击队（琼崖红军游击队除外）改编为新四军。推动建立抗日民族统一战线，既是中国共产党挽救民族危亡，彰显民族大义的生动体现，更是中国共产党以世界眼光关注整个人类前途命运的实际举措。在中国共产党的坚强领导下，中国最早起来反抗法西斯侵略，开辟了世界上第一个反法西斯战场，而且作为名副其实的亚洲主战场，有力地遏制了日本的世界战略，有效支援了美苏英等同盟国的作战，对夺取第二次世界大战的胜利具有重要意义。

以世界眼光看待两极格局，守护广大第三世界国家，为维护世界和平作出突出贡献。新中国成立后，我们党始终坚持为第三世界人民发声，无私支援广大亚非拉国家，推动世界人民大团结。第二次世界大战结束后，美苏争霸严重威胁了世界和平和地区稳定，双方发动了一系列代理人战争，有时甚至亲自下场，例如，美国发动侵越战争和20世纪80年代苏联入侵阿富汗。1974年，毛泽东在会见赞比亚总统卡翁达时首次提出了三个世界理论，指出："我看美国、苏联是第一世界。中间派，日本、欧洲、澳大利亚、加拿大，是第二世界。咱们是第三世界。""亚洲除了日本，都是第三世界。整个非洲都是第三世界，拉丁美洲也是第三世界。"[①] 我们党紧紧依靠第三世界国家，为建立广泛的国际统一战线奠定了基础，加强了我国在国际政治格局中的地位，同时积极争取第二世界国家共同反对霸权主义，壮大了维护世界和平的力量。1976年以前，我国曾向朝鲜、越南、阿尔巴尼亚等110多个国家和地区提供过经济援助，内容涉及现汇、技术、物资、工程、劳力等方面。"国际主义"是社会主义中国对外援助的一面旗帜。毛泽东明确指出："已经获得革命胜利的

① 中华人民共和国外交部、中共中央文献研究室编：《毛泽东外交文选》，中央文献出版社、世界知识出版社1994年版，第600、601页。

人民，应该援助正在争取解放的人民的斗争，这是我们的国际主义的义务。”[①] 无私的援助进一步壮大了第三世界的团结，也使我国得到了第三世界国家的积极支持。正是在广大亚非拉国家的帮助下，1971 年，我国成功恢复在联合国的合法席位。

以世界眼光融入全球化，胸怀世界推动人类文明新进步。20 世纪 70 年代末，我国实施改革开放，开始以经济建设为中心，广泛吸收外国的先进技术、资金和管理经验，积极推进中国经济融入世界经济大局，更加广泛地参与国际治理。苏联解体、东欧剧变，两极格局终结后，我们党在复杂多变的国际形势下，坚持稳住阵脚、保持战略定力，坚持推进世界多极化进程，坚持构建更加公平的国际政治经济新秩序。我们坚定推进世界多极化，反对霸权主义和强权政治。2001 年，我国加入世界贸易组织，为世界经济增长提供了长期、强劲的动力。进入新世纪，我们党旗帜鲜明地提出构建和谐世界的美好愿景，提出了建立全球国际政治伦理与国际秩序的指导原则，有力地推动了国际关系民主化。党的十八大以来，以习近平同志为核心的党中央明确提出人类命运共同体理念，在追求本国利益时兼顾他国合理关切，在谋求本国发展中促进各国共同发展，从而为人类文明向着更加公正合理的方向发展提供了重要引领。2018 年 12 月 18 日，在庆祝改革开放 40 周年大会上的讲话中，习近平总书记总结改革开放 40 年来我国所取得的伟大历史成就时指出：“我们积极推动建设开放型世界经济、构建人类命运共同体，促进全球治理

① 中共中央文献研究室编：《毛泽东著作专题摘编》(上)，中央文献出版社 2003 年版，第 1154 页。

体系变革，旗帜鲜明反对霸权主义和强权政治，为世界和平与发展不断贡献中国智慧、中国方案、中国力量。”“人类命运共同体”——中国共产党独创的这一全球价值观，既是与我们党以世界眼光关注人类发展的传统一脉相承，更是新时代共产党人对未来人类发展提出的中国方案，是国际权力观、共同利益观、可持续发展观和全球治理观的综合体现。

［二］

中国在国际交往中主持公道、伸张正义

一直以来，中国始终坚持以一个负责任大国的身份，公平公正处理国际事务，坚持为弱小国家发声，坚持国际关系基本准则，维护人类良知与公平正义。

坚决向霸权主义强权政治说不，推动构建多极化世界。长期以来，在旧的国际秩序中，以强凌弱、恃武骄纵的现象比比皆是，在政治、军事、经济等各个方面，都充斥着强国对弱国、大国对小国的欺辱和干涉。特别是以美国为首的一些西方国家，时刻以自我利益为行事准则，动辄挥舞所谓“民主”“自由”的旗帜，任意干涉他国内政，对国际公平正义构成了严重挑战和威胁。与之形成鲜明对照的是，中国始终秉持无论国家大小一律平等、相互尊重、相互包容的基本理念，在地区安全事务上一贯坚持和平对话、政治解决，针对矛盾问题坚持不偏不倚、公道处置，得到了国际社会特别是第

三世界国家的高度肯定和赞扬。我国恢复联合国席位50多年来，始终积极主动担当作为，承担大国责任，维护和践行了真正的多边主义。无论在联合国还是在其他国际平台，我们手中的一票始终投给世界上伸张正义的一方。我国加入了几乎所有政府间国际组织和500多项国际公约，成为联合国维和行动第二大出资国和常任理事国派出维和人员最多的国家。

坚决维护国际公平正义，积极促进地区和平稳定。2021年10月25日，在中华人民共和国恢复联合国合法席位50周年纪念会议上，习近平主席发表重要讲话，他强调："中国人民始终同世界各国人民团结合作，维护国际公平正义……中国人民热爱和平，深知和平安宁的珍贵，始终奉行独立自主的和平外交政策，主持公道，伸张正义，坚决反对霸权主义和强权政治。中国人民坚定支持广大发展中国家维护自身主权、安全、发展利益的正义斗争。中国人民致力于推动共同发展，从'坦赞铁路'到'一带一路'，向发展中国家提供力所能及的帮助，不断以中国发展为世界提供新机遇。"此外，我国始终秉持公道正义原则处理国家之间的冲突。自1973年第一次中东战争爆发、巴勒斯坦人民迈上争取民族合法权益的艰难道路以来，我国始终坚持在各个国际场合声援并支持巴勒斯坦人民的合法诉求，坚定支持巴勒斯坦发展经济、改善民生。2021年11月29日，联合国举行"声援巴勒斯坦人民国际日"纪念大会，习近平主席连续第九年向大会致贺电，指出，中国坚定支持巴勒斯坦人民恢复民族合法权利的正义事业，将始终主持公道正义，继续为促进巴勒斯坦问题早日解决、实现中东地区持久和平稳定作出积极贡献。在联合国大会和联合国安理会等会议上，我国始终支持巴勒斯坦人民的合法诉求，主张巴以之间和平共处，通过政治解决双方的矛盾冲突，以此实现地区的长久稳定和持续和平。

积极承担国际责任，维护广大发展中国家利益。作为世界上最大的发展中国家，中国始终将维护发展中国家的利益作为自己的责任。无论是在二十国领导人峰会等国际治理重要会议上，还是在其他区域性国际组织及联合国中，中国都旗帜鲜明地表达了对广大发展中国家特别是亚非拉不发达国家的关切。2016 年 9 月，在二十国集团领导人杭州峰会上，中国政府明确表示，支持非洲和最不发达国家工业化。在重大国际责任的分配问题上，中国也坚定地为发展中国家发声。比如，在推动应对全球变暖议题上，我国坚持共同但有区别的原则，呼吁在携手应对全球气候变化的同时，充分保证广大发展中国家的发展权。此外，我国积极承担与自身能力相适应的国际责任。从 1990 年开始，中国派出人员参与联合国维和行动，是派遣维和人员最多的联合国安理会常任理事国。30 多年来，累计派出 5 万多人次参加联合国维和行动，中国维和部队新建和修复道路 1.7 万多公里、桥梁 300 多座，排除地雷及各类未爆炸物 1.4 万多枚，运送各类物资器材超过 120 万吨，运输总里程 1300 多万公里，接诊病人 24.6 万余人次，足迹遍布柬埔寨、刚果（金）、利比里亚、苏丹、黎巴嫩、塞浦路斯、南苏丹、马里等 20 多个国家和地区，在监督停火、稳定局势、保护平民、安全护卫、支援保障等方面扮演了重要角色。进入新时代，中国维和部队构成从单一军种为主向多军兵种拓展，任务类型从支援保障向综合多能转型，行动目标从制止武装冲突向建设持久和平延伸，维和能力进一步提升，为冲突地区实现和平发展带去更多信心和希望。

三

中国永远不称霸、永远不搞扩张

中国始终践行多边主义的国际体系和国际秩序，倡导人类面临的问题由大家协商处理，坚决反对以多边主义之名行单边主义之实的各种行为，坚持反对霸权主义和强权政治。2021 年 7 月 6 日，习近平总书记在中国共产党与世界政党领导人峰会上发表主旨演讲，庄严宣告，中国将坚决维护联合国宪章宗旨和原则，推动国际秩序和国际体系朝着更加公正合理的方向发展，中国永远不称霸、不搞扩张，不谋求势力范围。

做世界和平的坚定维护者、推动者。历经新中国 70 余年的奋斗，中华民族迎来了从站起来、富起来到强起来的伟大飞跃。回顾这一壮阔的奋斗历程，可以发现我们党始终坚持走一条和平发展的道路，而不是走西方国家侵略、扩张和掠夺的老路。和平发展道路是中国共产党和中国人民的郑重选择，已经写入党章和宪法，成为一以贯之的国策。早在新中国成立之初，我国就坚持按照和平共处、互利共赢的方式处理对外关系，提出和平共处五项原则并为世界广大国家所广泛接受，成为当今处理国际关系的基本准则之一。1953 年 12 月 31 日，周恩来在接见印度政府代表团时，首次提出了和平共处五项原则，得到了印方的赞同，并写入了 1954 年 4 月 29 日签订的《中印关于中国西藏地方和印度之间的通商和交通协定》。其后，和平共处五项原则得到越来越多的国家认可。1954 年 6 月 28 日中印两国总理发表的联合声明以及 1954 年 6 月 29 日中缅两国总理发表的联合声明都确认和平共处五项原则是指导国际关系的原则，并共同倡议将和平共处五项原则作为指导一般国际关系的原则。1974 年 4 月，时任国家副总理的邓小平率领中国代表团出席联合国大会第六届特别会议，系统阐述了毛泽东提出的划分“三个世界”的理论和中国对外关系的原则，郑重宣布“中国是一个社会主义国家，也是一个发展中国家，中国属于第三世界。中国现在不是，将来也不做超级大国”[①]。和平共处五项原则集中体现了我们党处理国际关系的根本态度和出发点，是开放包容的国际法准则，集中体现了主权、争议、民主、法治的价值观，从根本上摒弃了弱肉强食的丛林法则，壮大了反帝国主义、反殖民主义的力量。在国际关系实践中，我国坚定不渝地模范践行，用自己的行动作出鲜明注脚。

做“睦邻、亲邻、惠邻”的友善之邻。尽管中国是世界上人口最多的发展中大国，是联合国安全理事会常任理事国，也是拥有核武器的国家，但从没有谋求地区霸权，也从不谋求势力范围。这一点集中体现在我国同周边国家的边界谈判中。1991 年 12 月，苏联解体，新独立的哈萨克斯坦、吉尔吉斯斯坦和塔吉克斯坦成为我国的新邻居，我国政府奉行“与邻为善、以邻为伴”的外交方针，直接通过平等的和平谈判与协商，提出并遵循了一系列行之有效的原则和方法：一是坚定地维护国家的主权和领土完整；二是在平等的

① 中共中央文献研究室编：《邓小平年谱（1904—1974）》（下），中央文献出版社 2009 年版，第 2012 页。

基础上友好协商，通过互谅互让求得公平合理的解决，问题解决之前维持现状不变；三是历史与现实相结合，既照顾历史背景，又照顾已经形成的现实情况；四是按照国际法的一般原则对待历史上的旧界约，遵循国际惯例划界和勘界。基于以上原则，我国同哈、吉、俄、塔四国组成的联合代表团经过多次讨论和谈判，边界划分最终取得了各方都比较满意的成果。在解决边界与领土问题时，当事国不分大国小国，都是平等的主权国家，应当在平等的基础上协商。我国在处理这类问题时，正是因为坚持了平等协商，不诉诸武力，不进行压迫，从而较好地推动了问题的解决。

做团结合作、坚守仁义的共患难者。面对新冠病毒感染疫情袭击全球这一百年未有之挑战，为了最大限度控制疫情传播，为国际社会争取防控时间，我国政府采取果断措施，第一时间关闭离汉通道，第一时间整理分享诊疗技术和防控方案，分享给全球 180 多个国家和地区、10 多个国际和地区组织……通过加强团结合作、推进多边协调，我国抗击疫情行动充分体现了中国传统文化中的仁义美德。当我国的疫情得到有效控制后，积极推进抗击疫情国际合作，特别是针对广大亚非拉不发达国家基础医疗设施薄弱、疫情防控能力差的现实，积极开展援助。2021 年伊始，我国政府宣布正式加入“新冠疫苗实施计划”，同世界卫生组织等发起方保持密切沟通，为把疫苗作为全球公共产品，为实现发展中国家的可及性和可负担性而共同努力。2021 年二三月份，“新冠疫苗实施计划”面临巨量疫苗缺口，应世界卫生组织的请求，我国决定紧急提供 1000 万剂疫苗，主要用于发展中国家，有力推进了疫苗公平分配和国际抗疫合作，用实际行动维护了广大发展中国家的权益，展现了大国担当。

我国是不结盟运动的积极参与者，坚持不对抗、不称霸、不搞扩张、不使用武力或以武力相威胁，从未寻求建立势力范围。我国倡导通过当事方直接对话谈判和平解决领土主权和海洋权益争端，主张在争端解决前“搁置争议、共同开发”。我国提出共同、综合、合作、可持续的亚洲安全观，在弘扬亚洲人民智慧和能力的同时，欢迎各方为亚洲安全和合作发挥积极和建设性作用。中国从来没有，今后也不会主张亚洲版的“门罗主义”。

[四]

共同构建人类命运共同体

随着政治多极化、经济全球化的深入发展，不同文明相互交融，社会信息高速跨境流通已经成为不可逆转的潮流，各国之间的联系和依存日益加深，越来越超越地理的隔阂。各国只有共同协作才能推动解决全人类共同面临的难题，如粮食安全、资源短缺、气候变化、网络攻击、人口爆炸、环境污染、疾病流行、跨国犯罪等。在此背景下，习近平总书记鲜明提出共同构建人类命运共同体，为解决全球难题提供了中国智慧和中国方案。

构建人类命运共同体是中国共产党的伟大创造。2012 年 11 月，党的十八大明确提出“要倡导人类命运共同体意识，在追求本国利益时兼顾他国合理关切”。2013 年 3 月 23 日，习近平主席在莫斯科国际关系学院发表名为“顺应时代前进潮流　促进世界和平发展”

的演讲，提出了针对未来人类文明发展的中国判断。2013 年 3 月 25 日，习近平主席在访问坦桑尼亚时谈道：“这段历史告诉我们，中非从来都是命运共同体，共同的历史遭遇、共同的发展任务、共同的战略利益把我们紧紧联系在一起。”2015 年 3 月 28 日，习近平主席在博鳌亚洲论坛 2015 年年会上的主旨演讲中进一步提出了“通过迈向亚洲命运共同体，推动建设人类命运共同体”的倡议。2015 年 9 月 28 日，习近平主席在纽约联合国总部出席联合国第七十届联合国大会一般性辩论并发表题为《携手构建合作共赢新伙伴　同心打造人类命运共同体》的重要讲话，郑重向全世界发出构建人类命运共同体的倡议，指出：“当今世界，各国相互依存、休戚与共。我们要继承和弘扬联合国宪章的宗旨和原则，构建以合作共赢为核心的新型国际关系，打造人类命运共同体。”回溯人类命运共同体理念的提出过程，可以看到这是一个有着国际道义力量与道义优势的崇高理念，一经提出即受到广泛欢迎，得到了世界各地越来越多有识之士的认同。

坚持模范践行持续推动构建人类命运共同体。构建人类命运共同体不仅承载着中国共产党对于人类文明发展方向的愿景，也反映了我国推动构建更加公平合理充满希望的全球治理体系的努力。2018 年 3 月召开的第十三届全国人民代表大会第一次会议，把“发展同各国的外交关系和经济、文化交流，推动构建人类命运共同体”写入宪法修正案，使这一理念成为我国政府对整个世界作出的庄重法律宣告。我们党在推动构建人类命运共同体方面，不仅作出郑重宣告，而且身体力行。当前，世纪疫情影响深远，世界百年未有之大变局加速演进。对于新冠病毒感染疫情的防控，不是某一个国家单打独斗就能够解决的，也没有哪个国家能够退回到自我封闭的孤岛，这是全世界所有国家的共同责任。在疫情应对上，我国政府始终坚持开放透明、团结协作，积极推动全球抗疫合作，在国内疫情得到有效控制、取得疫情防控阻击战的重大胜利后，积极开展对外援助，为全球抗疫作出了重要贡献。

不断为创造人类美好未来贡献中国智慧和中国方案。推动全球生态文明建设是构建人类命运共同体的应有之义。经济全球化对人类生态环境产生了双重的影响，在不断加剧全球生态危机的同时，也为全球环境治理提供了更加复合、多元解决问题的可能。面对全球变暖这一共同环境挑战，我国始终积极作为，主动担当作为，在推动国家社会应对气候变化方面取得诸多实际进展，并于 2020 年向世界作出庄严承诺，将用 30 年左右时间实现全球最高碳排放强度降幅，用世界历史上最短的时间实现最具挑战性的碳中和。我国政府所提出的目标体现了中国人民建设人类共同家园的雄心壮志。我国政府承诺的实现碳达峰和碳中和目标，不是轻飘飘的口号，而是实实在在的实际行动。世界银行公布的数据显示：从 2005 年开始，中国累计节能量占全球 50% 以上。此外，中国可再生能源的投资连续多年排在世界第一，可再生能源成本正在日趋下降。此外，为了增加新能源、减少环境破坏，我国政府还大量建造了太阳能和风电场。在新能源汽车生产和销售规模上，我国连续 6 年位居全球第一，截至 2021 年底，新能源汽车保有量达 784 万辆，其中电动汽车保有量 640 万辆。在增加森林碳汇方面，我国森林面积和森林蓄积量连续 30 年保持“双增长”，成为全球森林资源增长最多的国家。同时，截至 2020 年 9 月，我国已为发展中国家提供 180 个减贫项目、118

个农业合作项目、178个促贸援助项目、103个生态保护和应对气候变化项目、134所医院和诊所、123所学校和职业培训中心等，有力推进了全球减排事业。随着我国国际影响力的进一步增强，我国正日益成为全球生态文明建设的重要参与者和贡献者，为世界各国实现人与自然和谐共生、创造人类美好未来不断贡献智慧和力量。

第八章

坚持开拓创新

创新是一个国家、一个民族发展进步的不竭动力。越是伟大的事业，越充满艰难险阻，越需要艰苦奋斗，越需要开拓创新。党领导人民披荆斩棘、上下求索、奋力开拓、锐意进取，不断推进理论创新、实践创新、制度创新、文化创新以及其他各方面创新，敢为天下先，走出了前人没有走出的路，任何艰难险阻都没能阻挡住党和人民前进的步伐。只要我们顺应时代潮流，回应人民要求，勇于推进改革，准确识变、科学应变、主动求变，永不僵化、永不停滞，就一定能够创造出更多令人刮目相看的人间奇迹。

〔一〕

创新是中华民族最深沉的民族禀赋

习近平总书记指出，“创新是民族进步的灵魂，是一个国家兴旺发达的不竭源泉，也是中华民族最深沉的民族禀赋”[①]。距今5000多年前，我国黄河、长江中下游以及西辽河等区域进入了文明阶段，

①《习近平谈治国理政》第一卷，外文出版社2018年版，第51页。

出现了国家，进入“古国时代”。如今四大古文明，以及中美洲和南美中部的古文明，除中国文明外，都湮灭在历史尘埃中，留下的只是文明的碎片，唯有中国文明延续至今未曾中断，究其原因，中国文明具有“不可为典要，唯变所适”的内在精神活力，具有“周虽旧邦，其命维新”的革新禀赋。

汤之《盘铭》曰：“苟日新，日日新，又日新。”这是商朝的开国君主商汤铭刻的警辞，旨在激励自己自强不息，创新不已。文中三个“新”字，本义是指洗澡除去身体上的污垢，使身体焕然一新，在这里引申为精神上的弃旧图新。因此，这句话的意思是：如果能每天除旧更新，就要天天除旧更新，不间断地更新又更新。在影响民族进步的各种因素中，创新无疑是决定性因素，起着核心的作用。自古以来，中华民族从不缺乏梦想与创造。万户自制火箭，冯如制造飞机，我们的先人用生命宣示了追梦的决心；青铜冶炼、干支纪日，我们的先人用智慧镌刻了文明的初篇。近代以来，历史创造的成就，在列强的炮火与铁蹄下沦为碎片。“变法维新”“科技救国”的种种尝试，造就了近代史上动人心魄的创新故事。这些史实告诉我们：变革创新是中华民族的先天禀赋，是中华民族生生不息的力量源泉。可以说，创新是一种敢为人先的意识，是一种不甘于现状、敢于突破从0到1的勇气；创新是一种不忘初心的毅力，是一种百折不挠、勇于逢山开路、遇河架桥的意志；创新是一种求真务实的态度，是一种追求真理并无畏于以实践检验真理的投入。

我们党是以马克思主义为指导思想的无产阶级政党，坚持开拓创新是我们党的优良品格。马克思主义认为：“共产主义革命就是同传统的所有制关系实行最彻底的决裂；毫不奇怪，它在自己的发展进程中要同传统的观念实行最彻底的决裂。”[①] 无产阶级政党要实现共产主义，就必须不断开拓创新，革除已经过时的旧思想和旧制度，创造富有生机的新思想和新制度，实现对客观世界和主观世界的改造。我们党自成立以来，始终把为中国人民谋幸福、为中华民族谋复兴作为自己的初心和使命。实现中华民族伟大复兴光荣而伟大，而其道路不可能是一帆风顺的。特别是这一使命是前无古人的千秋伟业，没有现成的理论可以照搬，没有现成的模式和经验可供参照，没有现成的道路可走，一切都要在实践中摸索，可以说，每前进一步都是一种尝试与探索。我们党只有坚持解放思想和实事求是的原则，不断推进理论创新、实践创新、制度创新、文化创新以及其他各方面创新，用马克思主义中国化时代化最新成果指导实践，大胆探索，突破常规，在继承中创新和发展，才能不断开创工作新局面，才能不断把中国特色社会主义事业推向前进。

坚持开拓创新“永远是中国共产党人应该具有的历史担当”[②]，也是我们党取得百年辉煌成就的重要秘诀。100 多年来，我们党始终坚持开拓创新，铸造了辉煌的历史成就，理论创新结硕果，实践创新铸辉煌，制度创新增自信，科技创新强引擎，文化创新聚精神。新民主主义革命时期，我们党坚持把马克思主义基本原理同中国具体实际相结合，创立了毛泽东思想，实现民族独立、人民解放，彻底结束了旧中国半殖民地半封建社会的历史，实现了中国从几千年封建专制政治向人民民主的伟大飞跃；创建革命根据地、建立中华

①《马克思恩格斯文集》第 2 卷，人民出版社 2009 年版，第 52 页。
②《习近平谈治国理政》第二卷，外文出版社 2017 年版，第 7 页。

苏维埃共和国、建立抗日民主政权等，为新中国国家制度的构建作了理论和实践准备；制定实施科技发展面向抗战救国大业和科学研究面向边区经济建设的战略，坚持科技与军事斗争、抗战大业、工农生产相结合，为争取抗战胜利奠定了物质基础，也为党积累了领导科技事业的经验；创立“民族的、科学的、大众的”新民主主义文化，促进了中华民族凝聚力的高涨，为夺取抗日战争的胜利和新民主主义革命在全国的胜利提供了价值引领。

社会主义革命和建设时期，我们党领导人民艰苦奋斗，丰富和发展毛泽东思想，完成社会主义革命，消灭一切剥削制度，实现了中华民族有史以来最为广泛而深刻的社会变革，实现了一穷二白、人口众多的东方大国大步迈进社会主义社会的伟大飞跃；确立人民代表大会制度、中国共产党领导的多党合作和政治协商制度、民族区域自治制度等，在我国建立了社会主义基本制度；制定实施了优先发展与重工业和国防事业有关的尖端科技的战略，建构起独立自主的工业化基础和科技基础，“两弹一星”等科技成就为国家安全提供了有力保障；确立了马克思主义在意识形态领域的指导地位，制定“双百方针”“二为方向”等，社会主义文化建设蓬勃发展。

改革开放和社会主义现代化建设新时期，我们党不断推进马克思主义中国化，创立了邓小平理论，形成了“三个代表”重要思想、科学发展观，进行改革开放和社会主义现代化建设，实现了从生产力相对落后的状况到经济总量跃居世界第二的历史性突破，实现了人民生活从温饱不足到总体小康、奔向全面小康的历史性跨越；坚决推进经济体制改革，同时进行政治、文化、社会等各领域体制改革，推进党的建设制度改革，不断形成和发展符合当代中国国情、充满生机活力的体制机制；出台《中共中央关于科学技术体制改革的决定》《中共中央 国务院关于加速科学技术进步的决定》等，坚持走中国特色自主创新道路，科技创新日益成为国家发展的强大动力；贯彻文化创新理念，推进文化体制改革，建立了现代文化治理体系与现代公共文化服务体系。

中国特色社会主义进入新时代，以习近平同志为主要代表的中国共产党人创立了习近平新时代中国特色社会主义思想，为党和人民各项事业的蓬勃发展提供了科学强大的理论武器；领导全党全军全国各族人民砥砺前行，全面建成小康社会目标如期实现，党和国家事业取得历史性成就、发生历史性变革，为实现中华民族伟大复兴提供了更为完善的制度保证、更为坚实的物质基础、更为主动的精神力量；不断推动全面深化改革向广度和深度进军，中国特色社会主义制度更加成熟更加定型，国家治理体系和治理能力现代化水平不断提高，党的领导制度体系不断完善，党的领导方式更加科学，党和国家事业焕发出新的生机活力；大力实施创新驱动发展战略，出台《国家创新驱动发展战略纲要》，提出了创新、协调、绿色、开放、共享新发展理念，强调创新是引领发展的第一动力，立足于科技创新，不断释放创新驱动的原动力，让创新成为发展基点，拓展发展新空间，创造发展新机遇，打造发展新引擎；强调没有高度文化自信、没有文化繁荣兴盛就没有中华民族伟大复兴，建设具有强大凝聚力和引领力的社会主义意识形态，建设社会主义文化强国，激发全民族文化创新创造活力，全党全国各族人民文化自信明显增强，全社会凝聚力和向心力极大提升。

[二]

越是伟大的事业，越需要开拓创新

习近平总书记指出：“越是伟大的事业，往往越是充满艰难险阻，越是需要开拓创新。”[①] 当前，我国已经开启全面建设社会主义现代化国家新征程。中华民族已迎来了从站起来、富起来到强起来的伟大飞跃，实现中华民族伟大复兴进入了不可逆转的历史进程。但必须清醒地认识到，中华民族伟大复兴绝不是轻轻松松、敲锣打鼓就能实现的，前进道路上仍然存在可以预料和难以预料的各种风险挑战；必须清醒地认识到，我国仍处于并将长期处于社会主义初级阶段，我国仍然是世界最大的发展中国家，我国社会主要矛盾是人民日益增长的美好生活需要和不平衡不充分的发展之间的矛盾。唯有以坚定的开拓创新精神，把开拓创新作为一种常态，敢破敢立、敢闯敢试，才能扫清前进道路上的障碍，克服重重困难，顺利实现既定目标，推动中国特色社会主义事业劈波斩浪、一往无前。

坚持开拓创新，必须全面贯彻习近平新时代中国特色社会主义思想。旗帜就是道路，旗帜就是力量。习近平总书记对关系新时代党和国家事业发展的一系列重大理论和实践问题进行了深邃思考和

① 习近平：《在纪念邓小平同志诞辰110周年座谈会上的讲话》，人民出版社2014年版，第16页。

科学判断，就新时代坚持和发展什么样的中国特色社会主义、怎样坚持和发展中国特色社会主义，建设什么样的社会主义现代化强国、怎样建设社会主义现代化强国，建设什么样的长期执政的马克思主义政党、怎样建设长期执政的马克思主义政党等重大时代课题，提出一系列原创性的治国理政新理念新思想新战略，是习近平新时代中国特色社会主义思想的主要创立者。习近平新时代中国特色社会主义思想是当代中国马克思主义、21 世纪马克思主义，是中华文化和中国精神的时代精华，实现了马克思主义中国化时代化新的飞跃。今天，我们比历史上任何时期都更接近、更有信心和能力实现中华民族伟大复兴的目标。伟大实践催生伟大理论，伟大理论升华伟大实践，我们必须全面贯彻习近平新时代中国特色社会主义思想，用马克思主义的立场、观点、方法观察时代、把握时代、引领时代，勇于开拓创新，协同推进人民富裕、国家强盛、中国美丽。

坚持开拓创新，必须把创新摆在国家发展全局的核心位置。抓创新谋创新就是为了抓发展谋未来。我们要深化改革创新，形成社会主义市场经济条件下集中力量办大事的新机制，形成充满活力的科技管理和运行机制，使创新链、产业链、资金链、政策链相互交织、相互支撑，不断推进包括理论创新、实践创新、制度创新、科技创新、文化创新以及其他各方面创新在内的全面创新，敢为天下先，走出前人没有走出的路，创造前人没有创造的丰功伟绩。

坚持开拓创新，必须立足当前抓住并用好重要战略机遇期。机遇总是隐藏在错综复杂的现实社会关系背后，产生于事物的相互联系和发展变化之中。抓住并用好重要战略机遇期，必须立足当前，增强战略意识、前瞻意识、责任意识。要解放思想洞察机遇，保持不断进取的精神、坚定不移的信念，遵循客观规律和科学法则，提高预见性和洞察力，及时有效地从事物的发展变化中发现机遇、把握机遇。要遵循规律发现机遇，尊重规律、认识规律、把握规律，按规律运作，适应事物发展的内在规律，充分利用有利条件，把握契机，实现既定的目标。要开拓创新抢抓机遇，对于区域改革发展的决策，特别是机遇性决策，一定要减少争论，统一思想，达成共识，看准就干，努力在激烈的竞争中抢得先机。

坚持开拓创新，必须强化问题意识坚持问题导向。问题是创新的起点，也是创新的动力源。发展起来后的问题一点也不比不发展的时候少。随着社会主义现代化事业的不断推进，我们党面临许多治国理政的新考验。一方面，世界正经历百年未有之大变局，新兴市场国家和发展中国家的崛起速度之快前所未有，新一轮科技革命和产业变革带来的新陈代谢和激烈竞争前所未有，全球治理体系与国际形势变化的不适应、不对称前所未有，中国的崛起必然会引起西方敌对势力对中国的打压和围攻，使国际形势变得更加复杂多变；另一方面，国内改革发展和现代化建设的任务依然艰巨繁重，如发展不平衡不充分的一些突出问题尚未解决，发展质量和效益还不高，创新能力不够强，全面依法治国任务依然繁重，国家治理体系和治理能力有待加强等。可以说，当前深刻变化的国际国内环境产生新问题新挑战，增量问题与存量问题并存，长期问题与短期问题交织，更多的问题前所未见。破解这些问题难题，“根本出路就在于创新”。要有强烈的问题意识，将问题作为推动创新的契机，将创新作为解决问题的手段，推动各项事业取得创造性成果。

坚持开拓创新，必须激发广大人民群众的创造伟力。人民是历史的创造者，人民是真正的英雄。离开了人民，我们就会一事无成。只有坚持历史唯物主义这一基本原理，才能把握历史前进的基本规律；只有按历史规律办事，才能无往而不胜。必须始终保持同人民群众的血肉联系，站稳人民立场，坚持人民主体地位，尊重人民首创精神，践行以人民为中心的发展思想，维护社会公平正义，着力解决发展不平衡不充分问题和人民群众急难愁盼问题，让发展成果更多更公平惠及全体人民，不断促进人的全面发展，朝着实现全体人民共同富裕不断迈进。我们要始终坚持尊重人民群众的主体地位和首创精神，使蕴藏在亿万人民中间的创新智慧充分释放、创新力量充分涌流，共同为建设创新型国家、建设世界科技强国凝心聚力，为实现中华民族伟大复兴汇聚势不可挡的磅礴力量。

[三]

准确识变、科学应变、主动求变

习近平总书记指出，“危和机总是同生并存的，克服了危即是机”，“要深入分析，全面权衡，准确识变、科学应变、主动求变，善于从眼前的危机、眼前的困难中捕捉和创造机遇”[①]，“如果我们不识变、不应变、不求变，就可能陷入战略被动，错失发展机遇，甚

①《统筹推进疫情防控和经济社会发展工作　奋力实现今年经济社会发展目标任务》，《人民日报》2020 年 4 月 2 日。

至错过整整一个时代”[1]。准确识变、科学应变、主动求变，是解放思想、实事求是思想路线的生动体现，是以习近平同志为核心的党中央对治国理政思想的创新和发展，是新时代提高治理能力和治理水平现代化的必然要求。

马克思主义告诉我们，运动是绝对的、无条件的，是事物的根本属性和存在方式。世界上的一切事物都处于不断地运动、变化和发展之中。这就要求我们突破形而上学的僵化思维，用变化、发展的眼光看问题。一个国家、一个民族、一个政党，要想不落后于时代潮流，不为历史所淘汰而获得历史机遇的垂青，也必须于时代的大变局中“准确识变、科学应变、主动求变”。现在，我们党团结带领人民踏上了实现第二个百年奋斗目标新的赶考之路。前进道路上各种可以预见和难以预见的风险因素明显增多，必须统筹把握中华民族伟大复兴战略全局和世界百年未有之大变局，坚定战略定力，正确分析我国发展的独特优势和发展不平衡不充分的实际情况，正确分析日趋错综复杂的国际环境及其带来的新矛盾新挑战，善于化危为机、转危为安，立足社会主义初级阶段基本国情办好自己的事，以咬定青山不放松的执着奋力实现既定目标，以行百里者半九十的清醒不懈推进中华民族伟大复兴。

练就“火眼金睛”准确识变。我们党是一个善观大势、善谋大事的马克思主义政党。新时代，“我国正处于一个机遇与挑战并存的大变革时期，国内外形势在变、发展任务在变、工作要求也在变，唯有练就准确识变的‘火眼金睛’，才能于‘乱花渐欲迷人眼’的复

①《习近平谈治国理政》第二卷，外文出版社 2017 年版，第 267 页。

杂变局中做到‘不畏浮云遮望眼’，也才能于瞬息万变的发展环境中趋利避害，成功抓住稍纵即逝的战略机遇，有效应对各种风险挑战，不断促进国家发展”[①]。应“及早察变，提升‘草摇叶响知鹿过、松风一起知虎来、一叶易色而知天下秋’的见微知著能力，在风起于‘青蘋之末’、航船刚刚露出‘桅杆尖头’时就对潜在的风险、事物演变的趋势作出科学预判。客观识变，分清楚是量变还是质变，是形式上变异还是内容上变质，是短期性波动还是长期性、趋势性变化，是周期性变化还是结构性变化，是主要矛盾发生变化还是次要矛盾发生变化，综合分析事物变化的原因以及可能产生的后果。辩证看变，既看到变，又看到不变，既看到变局之中有危，又看到变局之中有机”[②]。既要看到新冠病毒感染疫情带来的挑战，更要看到挑战加速了数字经济释放新动能；既要看到我国经济运行短期内风险增加，更要看到我国经济长期向好的基本面没有改变；既要看到单边主义、保护主义抬头，更要看到全球化大潮浩荡前行、不可逆转。唯有准确识变，才不会一有变化就迷失方向，才能抓住主要矛盾、把握新的机遇。

掌握“看家本领”科学应变。“行之力则知愈进，知之深则行愈达。”准确识变的目的在于科学应变。准确识变才能捕捉战略机遇，应对危机的挑战，而科学应变才能赢得战略主动，才能真正走在时代前列，与时代同步伐，这是历史发展规律的科学揭示。我们党之

① 武文豪：《深刻领会准确识变　科学应变　主动求变　在新时代伟大社会变革中阔步前进》，宣讲家网 2019 年 8 月 12 日。

② 武晓晨：《准确识变　科学应变　主动求变》，《学习时报》2020 年 4 月 24 日。

所以能够完成近代以来各种政治力量不可能完成的艰巨任务，是因为始终把马克思主义这一科学理论作为自己的行动指南，并坚持在实践中不断丰富和发展马克思主义。这使我们党得以摆脱以往一切政治力量追求自身特殊利益的局限，以唯物辩证的科学精神、无私无畏的博大胸怀领导和推动中国革命、建设、改革，不断坚持真理、修正错误。可以说，马克思主义科学理论的立场观点方法为我们准确识变提供了一双“天眼”，为我们科学应变提供了科学“指针”，是我们党于变局中拨开云雾、攻坚克难、克敌制胜、赢得主动所必须掌握的“看家本领”。新征程上，我们要破解发展面临的各种难题，化解来自各方面的风险挑战和巨大压力，就必须坚持用习近平新时代中国特色社会主义思想武装头脑、指导实践、推动工作，不断提高战略思维能力、历史思维能力、辩证思维能力、创新思维能力、底线思维能力，不断提高分析变局时透过现象看本质、准确洞察世界历史变化的风云、深刻把握时代发展的大势、科学预测未来发展的能力，不断增强工作的科学性、预见性、主动性和创造性，有力有效地应对和驾驭各种变幻莫测的局势。

发扬“进取精神”主动求变。“求变”是主体在新形势下积极主动的作为，体现为改革创新的思想自觉和行动自觉。“所当乘者势也，不可失者时也。”实践证明，风险和挑战来了并不可怕，可怕的是迷惘、悲观和无所作为。当此之时，谁排斥变革，谁就会被历史淘汰，甚至谁变革慢了，谁就会落后于时代。面对风险和挑战，正确的态度应该是锤炼主动求变的胆魄，顺应大势、勇立潮头，充分发挥积极性、主动性、创造性，决不能因有困难而不为、因有风险而躲避、因有阵痛而不前。不仅要乘势而上、抓住机遇，更要迎难而上、主动作为。我们党始终具有主动求变的勇气，这不仅体现为党始终坚持自我革命，不断实现自我净化、自我完善、自我革新、自我提高，而且体现为党领导人民持续推进革命、建设、改革的伟大社会革命。面对新冠病毒感染疫情大考，我们党及时调整经济发展战略，加快构建以国内大循环为主体、国内国际双循环相互促进的新发展格局。这是在新的变化中，主动适应、主动引领、主动迎难而上的战略考量，推动经济发展质量变革、效率变革、动力变革的重大举措。“观乎天文，以察时变；观乎人文，以化成天下。”新蓝图已经绘就，新征程已经开启。在新时代的伟大社会变革中，无论时代形势如何变化，只要我们牢牢把握变革的主动权，始终保持“求变”的战略清醒、增强“求变”的战术主动，坚持变中求新、变中求进、变中突破，中国航船必定始终乘风破浪、行稳致远。

[四]

推动以科技创新为核心的全面创新

习近平总书记指出，“党的十八大提出的实施创新驱动发展战略，就是要推动以科技创新为核心的全面创新”[①]。党的十八大以来，我们党坚持实施创新驱动发展战略，把科技自立自强作为国家发展

① 中共中央文献研究室编：《习近平关于科技创新论述摘编》，中央文献出版社 2016 年版，第 17 页。

的战略支撑，健全新型举国体制，强化国家战略科技力量，加强基础研究，推进关键核心技术攻关和自主创新，强化知识产权创造、保护、运用，加快建设创新型国家和世界科技强国。科技创新是提高社会生产力和综合国力的战略支撑，必须把科技创新摆在国家发展全局的核心位置，坚持走中国特色自主创新道路，敢于走别人没有走过的路，不断在攻坚克难中追求卓越，加快向创新驱动发展转变。

科技是国之利器，国家赖之以强，企业赖之以赢，人民生活赖之以好。中国要强，中国人民生活要好，必须有强大科技支撑。回望历史，科技的意义与时俱进。1858 年，马克思说，“生产力中也包括科学”[①]。1988 年，邓小平说，“科学技术是第一生产力”[②]。2016 年，习近平总书记说，“科技是国之利器”[③]。18—19 世纪，科技是一种生产力。在 20 世纪，科技逐步成为第一生产力。在 21 世纪，科技不仅是第一生产力，还是国家赖以强大的根本依靠。中华文明在第一次大变局中曾经引领世界潮流，并长期保持领先地位，为人类文明进步作出了不可磨灭的贡献。但 1840 年鸦片战争以后，由于科学技术落后，中国逐步成为半殖民地半封建社会，国家蒙辱、人民蒙难、文明蒙尘，中华民族遭受了前所未有的劫难。可见，科学技术对于一个国家前途命运的重要性。当前，世界各主要大国在新一

①《马克思恩格斯文集》第 8 卷，人民出版社 2009 年版，第 188 页。

②《邓小平文选》第三卷，人民出版社 1993 年版，第 188 页。

③ 习近平：《为建设世界科技强国而奋斗——在全国科技创新大会、两院院士大会、中国科协第九次全国代表大会上的讲话》（2016 年 5 月 30 日），《人民日报》2016 年 6 月 1 日。

轮博弈中都把科学技术作为核心，科技竞争日益激烈残酷。必须坚持科技强国战略，加快建设世界科技强国，以科技革命决胜未来。

科技创新是引领经济社会发展的第一动力。决定一个国家生产力水平是否先进，经济总量大小是一个方面，但更重要的是科技水平的高低。美国能够长期一直保持世界超强地位，其经济实力强大是一个方面，而更重要的是其科技创新能力强、科技水平先进。我国经济发展已由高速增长阶段转向高质量发展阶段，面临增长速度换挡期、结构调整阵痛期、前期刺激政策消化期“三期叠加”的复杂局面，传统发展模式难以为继。我国要在总体上赶上时代潮流，必须以创新为第一动力，依靠科技创新转换发展动力推动跨越发展和竞争力提升。

注重依靠创新驱动、发挥先发优势引领发展。以前我们比较适应的是追赶型发展，强调较多的是充分发挥后发优势；现在依靠创新驱动，需要转换思路，注重充分发挥先发优势，推动引领型发展。习近平总书记指出，“当前，我国科技创新已步入以跟踪为主转向跟踪和并跑、领跑并存的新阶段”[①]。从以往的历史经验和当前的国际竞争实际情况看，想要实现中高端水平的发展，在世界经济结构大调整中占据制高点，就必须注重发展具有先发优势的领先型经济。从当前的实践来看，以高端技术为支点的产业链竞争，越来越成为新一轮科技革命和产业变革的主要形式。可以说，如果在一些重要领域、关键环节没有形成或者丧失了先发优势，就会处于被动、居于

① 习近平：《关于〈中共中央关于制定国民经济和社会发展第十三个五年规划的建议〉的说明》，《人民日报》2015 年 11 月 4 日。

下风，甚至还有可能被完全踢出局。踏上新征程，我们应坚定信心、鼓起勇气、创造条件，在厚植我国发展优势的基础上，“塑造更多依靠创新驱动、更多发挥先发优势的引领型发展”①，不断破解经济发展新难题，实现经济发展新跨越，引领经济社会发展全局的深刻变革。

党的二十大报告指出：“完善科技创新体系。坚持创新在我国现代化建设全局中的核心地位。”要完善党中央对科技工作统一领导的体制，健全新型举国体制，强化国家战略科技力量，优化配置创新资源，优化国家科研机构、高水平研究型大学、科技领军企业定位和布局，形成国家实验室体系，统筹推进国际科技创新中心、区域科技创新中心建设，加强科技基础能力建设，强化科技战略咨询，提升国家创新体系整体效能。深化科技体制改革，深化科技评价改革，加大多元化科技投入，加强知识产权法治保障，形成支持全面创新的基础制度。培育创新文化，弘扬科学家精神，涵养优良学风，营造创新氛围。扩大国际科技交流合作，加强国际化科研环境建设，形成具有全球竞争力的开放创新生态。

① 《习近平谈治国理政》第三卷，外文出版社 2020 年版，第 242 页。

第九章

坚持敢于斗争

没有顽强的斗争精神，马克思主义的产生和发展、社会主义国家的诞生和发展都无从谈起。正如习近平总书记指出的："建立中国共产党、成立中华人民共和国、实行改革开放、推进新时代中国特色社会主义事业，都是在斗争中诞生、在斗争中发展、在斗争中壮大的。"[①] 我们党正是在应对各种困难挑战的百年斗争史中，锤炼了不畏强敌、不惧风险、敢于斗争、勇于胜利的风骨和品质。这是我们党最鲜明的特质和特点，也是新时代赓续弘扬伟大建党精神、进行伟大斗争的应有之义。

[一]

敢于斗争是党和人民不可战胜的强大精神力量

习近平总书记指出："一百年前，中国共产党的先驱们创建了中国共产党，形成了坚持真理、坚守理想，践行初心、担当使命，不

①《习近平谈治国理政》第三卷，外文出版社 2020 年版，第 225 页。

怕牺牲、英勇斗争，对党忠诚、不负人民的伟大建党精神，这是中国共产党的精神之源。”[①] 党的十八大以来，我们党能团结带领人民有效应对重大挑战、抵御重大风险、克服重大阻力、解决重大矛盾，党和国家事业能取得历史性成就和发生历史性变革，靠的是坚持推进社会革命和党的自我革命。围绕伟大梦想开展伟大斗争在其中起了不可替代的作用。

敢于斗争是我们党的突出政治优势。毛泽东指出，“我们中华民族有同自己的敌人血战到底的气概，有在自力更生的基础上光复旧物的决心，有自立于世界民族之林的能力”，“我们必须准备进行同过去时代的斗争形式有着许多不同特点的伟大的斗争”。[②] 矛盾无处不在，斗争无时不有。正是因为我们党始终坚持并不断发扬这种敢于斗争、不怕牺牲的崇高精神，古老的中华文明才能在新的历史条件下更加灿烂辉煌。敢于斗争、勇于胜利是中国共产党鲜明的政治品格和突出的政治优势，是我们党从胜利走向新的胜利的成功密码。中国特色社会主义进入新时代，面对世界百年未有之大变局和实现中华民族伟大复兴的历史使命，习近平总书记反复强调伟大斗争的重要性，不断告诫，“中华民族伟大复兴，绝不是轻轻松松、敲锣打鼓就能实现的”“必须进行具有许多新的历史特点的伟大斗争”[③]……在庆祝中国共产党成立100周年大会上，习近平总书记精辟地将“不怕牺牲、英勇斗争”概括进伟大建党精神，并在以史为鉴、开创

① 习近平：《在庆祝中国共产党成立100周年大会上的讲话》，人民出版社2021年版，第8页。

② 中共中央文献研究室编：《毛泽东著作专题摘编》（上），中央文献出版社2003年版，第304、920页。

③《习近平谈治国理政》第三卷，外文出版社2020年版，第12、225页。

未来的“九个必须”中强调“必须进行具有许多新的历史特点的伟大斗争”。这既是对我们党百年艰辛奋斗历程的经验总结，更是对我们接续奋斗书写新辉煌的明确要求。

敢于斗争是我们党带领人民不断从胜利走向新的胜利的重要法宝。百年党史就是百年斗争史。我们党在内忧外患中艰难诞生，在艰难困苦中磨砺成长，在攻坚克难中不断壮大。面对大革命失败后的血雨腥风、长征路上的极度险恶、日寇入侵的国破家亡、新中国成立时的国际孤立和一穷二白、飞弹如雨的朝鲜战场、多种多样的自然灾害、风云变幻的国际环境，正是由于坚持敢于斗争勇于胜利，我们党才能不断战胜各种困难。革命战争年代，我们党在直接面对白色恐怖时，没有丝毫退缩，反而迎难而上，不断发展壮大，在 28 年异常艰难的新民主主义革命中，中国共产党党员人数从 50 多名发展到近 450 万名。正是由于坚持敢于斗争，我们党才能实现从小到大、由弱向强的转变，团结带领全国人民，同帝国主义列强、反动派展开激烈而无畏的斗争，一点点克服前进道路上遇到的各种艰难困苦，从而取得一个又一个胜利。正是由于坚持敢于斗争，中国共产党人取得新民主主义革命的胜利，开辟社会主义革命、中国特色社会主义光明大道，创造了中国式现代化新道路和人类文明新形态。正是由于坚持敢于斗争，我们党才能实现全面建成小康社会的百年目标，让 14 亿多中国人民过上了幸福安康的生活。当前，我国正前所未有地走近世界舞台中央，在国际事务中发挥着越来越大的、不可替代的重要作用，这个结果不是天上掉上来的，也不是什么人恩赐的，而是我们党敢于斗争、持续斗争的必然结果。正如习近平总书记强调的：“我们党之所以历经百年而风华正茂、饱经磨难而生生不息，就是凭着那么一股革命加拼命的强大精神。”[①]一代又一代中国共产党人在血与火的淬炼中、在艰难困苦的磨砺中，锻造出的敢于斗争、勇于胜利的鲜明品格，激发出了不可战胜的无穷伟力，带领人民创造了彪炳千秋的丰功伟绩。在前进道路上，我们面临的重大斗争不会少，必须以越是艰险越向前的精神奋勇搏击、迎难而上。

敢于斗争是应对挑战赢得未来的不二选择。习近平总书记指出：“以史为鉴、开创未来，必须进行具有许多新的历史特点的伟大斗争。敢于斗争、敢于胜利，是中国共产党不可战胜的强大精神力量。实现伟大梦想就要顽强拼搏、不懈奋斗。”[②]伟大斗争蕴含伟大的变革，每一次伟大的变革都蕴含丰富和宝贵的经验。在庆祝中国共产党成立100周年大会上，习近平总书记深刻总结：“今天，我们比历史上任何时期都更接近、更有信心和能力实现中华民族伟大复兴的目标，同时必须准备付出更为艰巨、更为艰苦的努力。”[③]无论是进行革命战争，还是实行改革开放、推进脱贫攻坚，敢于斗争、善于斗争都是我们党从胜利走向胜利的强大精神武器。历史告诉我们，唯有保持充分的斗争精神，才能随时应对产生的复杂局面，唯有掌握灵活的斗争方法，才能从容应对随时都会发生变化的动态局面。我们党依靠斗争走到今天，也必然依靠斗争赢得未来。面对国内社会主要矛盾的转化和世界百年未有之大变局，我们的发展环境、发展水平、

① 习近平：《在党史学习教育动员大会上的讲话》，人民出版社2021年版，第19页。

② 习近平：《在庆祝中国共产党成立100周年大会上的讲话》，人民出版社2021年版，第17页。

③ 同上。

发展条件也有了翻天覆地的变化，我们党必须以更具智慧与行动力的方法，不断实现阶段性目标，最终实现全面胜利。修好伟大斗争这门必修课任务重、要求严。征途漫漫，唯有奋斗。我们党在带领人民继顺利实现第一个百年奋斗目标之后，正昂首阔步迈向全面建成社会主义现代化强国的第二个百年奋斗目标。在这个过程中，我们要始终牢固树立斗争意识，不断应对各种风险和挑战。要深刻认识到，矛盾无处不在，斗争无时不有，越是接近目标，越会有更多的矛盾和风险，越要进行更加艰苦的斗争。只有敢于斗争，善于斗争，逢山开道、遇水架桥，才能战胜一切风险挑战。要深刻认识到，我们在工作中遇到的风险挑战是多方面的，涉及改革发展稳定、内政外交国防、治党治国治军等诸多领域。面对危害中国共产党领导和我国社会主义制度的各种风险挑战，危害我国主权、安全、发展利益的各种风险挑战，危害我国核心利益和重大原则的各种风险挑战，危害我国人民根本利益的各种风险挑战，危害我国实现中华民族伟大复兴的各种风险挑战，只要来了，我们就必须弘扬斗争精神，增强斗争本领，以永不懈怠的精神状态和一往无前的奋斗姿态，攻坚克难、开拓创新，争取更大胜利，开创更加美好的未来。

[二]

实现伟大梦想必须敢于斗争

中华民族伟大复兴，绝不是轻轻松松、敲锣打鼓就能实现的。

实现伟大梦想必须进行伟大斗争。伟大斗争这门必修课是摆在新时代中国共产党人面前的大课题，是事关中华民族伟大复兴的大学问。

共产党人必须修好伟大斗争必修课。在百年的发展历程中，我们党领导中国人民取得了辉煌成就，这是值得骄傲的。但过去的辉煌并不必然意味着会自然延续，如果我们放弃斗争，回避矛盾问题，一味消极懈怠，就无法增强政治领导力、思想引领力、群众组织力和社会号召力，就无法使我们党永葆旺盛生命力和强大战斗力，伟大梦想的实现也终将落空。从历史上看，马克思主义、社会主义国家以及中国特色社会主义道路的产生和发展历程都充满着艰辛的斗争。从巴黎公社运动到俄国十月革命，从中国共产党的创建到新中国的成立，从中国改革开放的开启到全面建成小康社会，共产党人的伟大斗争从来没有停止过。在我们党的百年奋斗历程中，伟大斗争贯穿了中国革命、建设和改革全过程。100多年来，正是通过艰苦卓绝的持续斗争，我们党团结带领人民开辟伟大道路，开创伟大事业，实现了中华民族从站起来、富起来到强起来的伟大飞跃。中华民族的伟大复兴因此成了不可逆转的历史进程。抚今追昔，继往开来，我们要清醒地认识到，奋进道路上要始终增强忧患意识，居安思危，全面认识和积极应对各种风险挑战。可以预见的是，前进路上斗争形势将越来越复杂，惊涛骇浪会拍岸而来，“黑天鹅”事件、“灰犀牛”事件会不期而至，我们所要进行的伟大斗争必然是长期、复杂，甚至是激烈、残酷的。这场伟大斗争的长期性、复杂性、艰巨性表明，共产党人必须修好伟大斗争这门必修课。这是实现中华民族伟大复兴的迫切需要。

进行伟大斗争必须明确斗争对象。邓小平在推动改革开放时曾指出，“这不是对人的革命，而是对体制的革命”[①]。进行伟大斗争，必须有的放矢，必须先明确进行斗争的对象。习近平总书记之所以反复强调在新时代进行伟大斗争具有许多新的历史特点，就是因为这场斗争与以往的对敌斗争和阶级斗争有很大不同。党的十九大报告对新时代的斗争对象作了归纳：“全党要更加自觉地坚持党的领导和我国社会主义制度，坚决反对一切削弱、歪曲、否定党的领导和我国社会主义制度的言行；更加自觉地维护人民利益，坚决反对一切损害人民利益、脱离群众的行为；更加自觉地投身改革创新时代潮流，坚决破除一切顽瘴痼疾；更加自觉地维护我国主权、安全、发展利益，坚决反对一切分裂祖国、破坏民族团结和社会和谐稳定的行为；更加自觉地防范各种风险，坚决战胜一切在政治、经济、文化、社会等领域和自然界出现的困难和挑战。”2019 年 9 月，习近平总书记在秋季学期中共中央党校（国家行政学院）中青年干部培训班开班式上的讲话中强调：“全面从严治党、坚持马克思主义在意识形态领域的指导地位、全面深化改革、推进供给侧结构性改革、推动高质量发展、消除金融领域隐患、保障和改善民生、打赢脱贫攻坚战、治理生态环境、应对重大自然灾害、全面依法治国、处理群体性事件、打击黑恶势力、维护国家安全，等等，都要敢于斗争、善于斗争。”这是我们党对斗争对象是什么、怎么进行斗争的系统深入的阐述。

敢于斗争是应对各种风险挑战的必然选择。随着中华民族日益接近民族复兴目标，国家发展面临的诸多挑战也会随之而来。当前，我们正处在世界百年未有之大变局的加速演变过程中，国内外环境

①《邓小平文选》第二卷，人民出版社 1994 年版，第 397 页。

中还存在许许多多不确定不稳定不可控的因素。在国际方面，以美国为首的部分西方国家对我们的敌视仍然存在且并没有丝毫减少。他们一直以来视中国为竞争对手，甚至是敌人。面对传统和非传统安全因素交织叠加，国际形势变幻莫测，我们更要保持战略定力、战略自信、战略耐心，坚持以全球思维谋篇布局，坚持统筹发展和安全，坚持底线思维，坚持原则性和策略性相统一，把维护国家安全的战略主动权牢牢掌握在自己手中。在国内方面，随着社会主要矛盾的转化，在富起来到强起来的巨大飞跃过程中，社会矛盾比没发展时更多更复杂。在新时代中国所面临的诸多新挑战中，最主要还是体现在党本身面临的长期执政考验、改革开放考验、市场经济考验、外部环境考验，以及精神懈怠危险、能力不足危险、脱离群众危险和消极腐败危险。其中任何一种因素一旦演化为系统性风险，都将是对党长期安全执政与实现自身历史使命的严重威胁。2020 年 9 月 3 日，习近平总书记在纪念中国人民抗日战争暨世界反法西斯战争胜利 75 周年座谈会上强调，“前进道路上，我们面临的重大斗争不会少。我们必须以越是艰险越向前的精神奋勇搏击、迎难而上。凡是危害中国共产党领导和我国社会主义制度的各种风险挑战，凡是危害我国主权、安全、发展利益的各种风险挑战，凡是危害我国核心利益和重大原则的各种风险挑战，凡是危害我国人民根本利益的各种风险挑战，凡是危害我国实现‘两个一百年’奋斗目标、实现中华民族伟大复兴的各种风险挑战，只要来了，我们就必须进行坚决斗争，毫不动摇，毫不退缩，直至取得胜利”。当前，我国正处于船到中流浪更急的关键时期，人到半山路更陡的攻坚时刻。在新征程上不断推进伟大事业夺取伟大斗争新胜利，还要跨越很多新的更加艰苦的“雪山”“草地”，还要征服很多新的更加危险的“娄山关”“腊子口”。这是一个愈进愈难、愈进愈险而又不进则退、非进不可的时候。在推进伟大事业、进行伟大斗争过程中，我们党必须摒弃一切骄傲自满、不愿继续开拓前进的想法，始终保持新时代共产党人面对大是大非敢于亮剑，面对矛盾敢于迎难而上，面对危机挑战敢于挺身而出，面对歪风邪气敢于坚决斗争的胸怀、勇气和担当。

［三］

既要敢于斗争，又要善于斗争

社会是在矛盾运动中前进的，有矛盾就会有斗争。新时代实现伟大梦想，必须进行伟大斗争，进行伟大斗争，必须涵养斗争精神。在新的征程上，确保中国特色社会主义事业行稳致远，不断从胜利走向新的更大胜利，必须发扬斗争精神，增强斗争本领，做到既要敢于斗争，也要善于斗争。

正确理解敢于斗争与善于斗争的辩证关系。在新时代敢于和善于斗争，要充分认识这场集长期性、复杂性、艰巨性于一体的具有新的历史特点的伟大斗争，面对前进道路上的风险挑战始终保持不畏强敌、不惧风险、敢于斗争、勇于胜利的风骨和品质。抗美援朝战争期间，毛泽东用哲理语言总结我们的斗争精神——敌人是钢多气少，我们是钢少气多。这里所说的“气”，就是敢于斗争、敢于胜利的骨气和魄力。这种“气”，也是我们党带领中国人民在百年奋斗历程中创造无数人间奇迹的精神动力所在。善于斗争，是指我们面对危难险重任务和应对各种复杂局面时的能力和水平。冒险蛮干和空洞地喊口号都不是敢于和善于斗争的表现。新时代进行具有许多新的历史特点的伟大斗争，要求我们必须能在破解实际问题上出真招、见实效，不仅要有担当的宽肩膀，还得有成事的真本领。作为我们共产党人鲜明的政治品格，敢于斗争与善于斗争是一个问题的两个方面：没有敢于斗争的骨气和魄力，面对危难险重只能选择回避和退缩，善于斗争更是无从谈起；没有善于斗争的能力和水平，敢于斗争也只能沦为空谈或是在实践中遭遇挫折付出代价。面对前进道路上的各种风险挑战，只要我们坚定信心和决心，保持战略定力，大力发扬斗争精神，增强斗争本领，就没有什么困难不可克服，就一定能在新时代创造新的更大奇迹。

在坚定理想信念中培育斗争精神。马克思在青年时就写下："如果我们选择了最能为人类而工作的职业，那么，重担就不能把我们压倒。"[①] 马克思的一生是为了人类解放而不断奋斗的一生。列宁主义和马克思主义一样，其产生和形成过程充满艰辛和斗争。我们在新时代进行伟大斗争时，要善于从伟人、从前人那里汲取力量。作为中国共产党人的红色基因，敢于斗争、敢于胜利是我们党不可战胜的强大精神力量。斗争精神源于坚定执着的理想信念。经过建党百年的不懈奋斗、新中国成立70多年的持续建设、改革开放40多年的不断开拓，特别是党的十八大以来，党和国家事业取得了全方位、开创性辉煌成就，发生了历史性、根本性变革，我们党带领人

①《马克思恩格斯全集》第1卷，人民出版社1995年版，第459页。

民开辟了伟大道路、建立了伟大功业，中华民族迎来了从站起来、富起来到强起来的伟大飞跃，实现中华民族伟大复兴进入了不可逆转的历史进程。一系列辉煌成就的取得，其中最根本的原因就在于我们对马克思主义和共产主义的信仰、对中国特色社会主义的信念、对中华民族伟大复兴的信心，始终坚持为中国人民谋幸福、为中华民族谋复兴，把人民对美好生活的向往作为矢志不渝的奋斗目标。共产党人的斗争是有方向、有立场、有原则的斗争，一代又一代中国共产党人在崇高理想信念的激励下，敢于斗争、勇于胜利，前仆后继、努力奋斗。党的百年斗争史告诉我们，没有斗争精神和斗争本领，就没有中国革命，就没有改革开放和中国特色社会主义的美好今天。100 多年来，我们党在斗争中诞生、在斗争中发展、在斗争中壮大，在应对各种困难挑战中，锤炼了不畏强敌、不惧风险、敢于斗争、勇于胜利的风骨和品质。在新时代敢于和善于斗争，最首要的前提是在任何时候都要坚持中国共产党的领导和中国特色社会主义道路。要学懂弄通做实党的创新理论，掌握马克思主义立场、观点和方法，夯实敢于斗争、善于斗争的思想根基，以理论上的清醒确保政治坚定，确保斗争底气和力量。要坚持不懈用习近平新时代中国特色社会主义思想武装头脑，强化政治意识，提升政治能力，不断提高政治判断力、政治领悟力和政治执行力，在增强“四个意识”、坚定“四个自信”、做到“两个维护”中坚定斗争意志，保持斗争定力。要始终坚持和巩固党的领导地位和执政地位，始终坚定走中国特色社会主义道路，时刻做好应对重大挑战、抵御重大风险、克服重大阻力、解决重大矛盾的斗争准备，为了实现人民对美好生活的向往、实现中华民族伟大复兴知重负重、苦干实干、攻坚克难。

要弘扬社会主义核心价值观，弘扬伟大建党精神，弘扬以爱国主义为核心的民族精神和以改革创新为核心的时代精神，不断增强斗争精神力量，经受起重大政治斗争和各种复杂情况的考验，始终保持头脑清醒、立场坚定，在大方向上把得准、把得牢，做到在大是大非面前敢于亮剑，在矛盾冲突面前敢于迎难而上，在危机困难面前敢于挺身而出，在歪风邪气面前敢于坚决斗争。

在伟大实践中增强斗争本领。实践出真知，斗争长才干。面对各种可以预料和难以预料的风险挑战、复杂多变的斗争形势和艰巨繁重的斗争任务，关键是要用好斗争武器，不断提高斗争本领。斗争精神、斗争本领，不是与生俱来的而是在实践中锻炼形成的。当前，我国正向着第二个百年奋斗目标迈进，改革发展面临“船到中流浪更急、人到半山路更陡”的重要关口，党和国家的伟大事业正面临着一系列重大风险考验。党的二十大报告指出：“加强干部斗争精神和斗争本领养成，着力增强防风险、迎挑战、抗打压能力，带头担当作为，做到平常时候看得出来、关键时刻站得出来、危难关头豁得出来。”这就要求广大党员干部在风险挑战中加强实践锻炼。在新时代新的赶考路上，不论在哪个岗位、担任什么职务，都要自觉通过长期实践，培养和保持强烈的斗争意识、顽强的斗争精神、坚韧的斗争意志，在伟大实践中、在敢于担当中提升和增强高超的斗争本领。例如，面对经济运行稳中有变、变中有忧，既要坚持基本方向不动摇，推进经济发展稳步前进，又要增强忧患意识，有化险为夷的心理准备和防范风险的有效措施，时刻保持警惕，把维护安全作为一种常态。面对维护社会大局稳定的任务，我们要始终保持高度警觉，积极预防、减少和化解社会矛盾，妥善处置影响国家安全的突发事件，解决好人民群众的切身利益问题，不断提高人民群众的安全感、幸福感。在进行反腐败斗争过程中，要筑牢拒腐防变的思想道德防线，加强党内监督，把权力关进制度的笼子里。对腐败现象“零容忍”，做到有腐必反，有贪必肃，建立领导干部“不敢腐、不能腐、不想腐”的长效机制，将斗争精神在党内进行到底。大事难事看担当。越是困难大、矛盾多的地方，越要强化斗争，磨炼意志、增长才干。面对严峻形势和斗争任务，党员干部要坚持在重大斗争中磨砺，不断发扬“为有牺牲多壮志，敢教日月换新天”的斗争精神。要注重在斗争中抓主要矛盾、抓矛盾的主要方面；要坚持以问题为导向，具体问题具体分析；要坚持底线思维、增强忧患意识；要善于从斗争中总结经验教训；要把斗争精神体现在敢于担当作为上，敢于站位全局干事创业，真抓实干，真正作为，立足岗位，在担当中成就事业，在斗争中锻炼成长。

在践行党的根本宗旨中凝聚力量开展斗争。斗争总是奔着矛盾问题、风险挑战去的。一直以来，我们党正是通过敢于斗争、善于斗争才能带领人民取得全面建成小康社会伟大历史性成就，取得抗击新冠病毒感染疫情斗争重大战略成果，有效化解经济、社会、科技、网络、外交以及自然灾害等领域的风险挑战。其中，人民立场是共产党人的根本政治立场，人民群众是我们进行伟大斗争的根本依靠力量。推进党和国家各项工作，必须时刻牢记人民就是江山，人心是最大政治，充分体现新时代进行伟大斗争所坚持的以人民为中心的价值立场。凡是危害人民根本利益的风险挑战，都必须坚决与之斗争并取得胜利；凡是反映人民群众对美好生活的新要求、对社会公正的新期待，都必须积极主动去奋斗实现。在推进伟大事业进行各种重大斗争中，要坚持增强忧患意识和保持战略定力相统一、坚持战略判断和战术决断相统一、坚持斗争过程和斗争实效相统一。广大党员要牢记初心和使命，坚定理想信念，践行党的宗旨，始终维护人民利益，永远保持同人民群众的血肉联系，始终同人民想在一起、干在一起，坚决反对一切损害人民利益、脱离群众的行为，坚持风雨同舟、同甘共苦，继续为实现人民对美好生活的向往不懈努力。要始终站稳人民立场，厚植人民情怀，坚持人民群众的主体地位和人民至上的价值追求，贯彻群众路线，强化领导干部“从群众中来、到群众中去”的制度约束和保障，深入人民群众中听真言、学真知、悟真谛，在解决人民群众急难愁盼问题中不断提升斗争的能力。要以担当之责、严实之态、精准之策、有效之举，积极投身全面深化改革、推进供给侧结构性改革、推动高质量发展、消除金融领域隐患、保障和改善民生、乡村全面振兴、治理生态环境、应对重大自然灾害、全面依法治国、处理群体性事件、打击黑恶势力、维护国家安全等各项事业，敢挑别人挑不动的担子，多挑别人不愿挑的担子，迎难而上、锐意进取，锻造能干事能扛事能成事的硬脊梁、铁肩膀，守土有责、守土尽责，召之即来、来之能战、战之必胜。

如今，越是接近奋斗目标、越是面对风险挑战，就越要发扬斗争精神，赓续斗争血脉，遵循斗争规律，不断提高攻坚克难、闯关夺隘的斗争本领，始终保持永不懈怠的精神状态、一往无前的奋斗姿态，在大是大非问题上坚定不移，在改革发展稳定工作中敢于碰硬，在全面从严治党上敢于动硬，为持续推进党和人民的事业付出更为艰巨、更为艰苦的努力，不断把中华民族伟大复兴的历史伟业推向前进。

第十章

坚持统一战线

党的二十大报告指出："人心是最大的政治，统一战线是凝聚人心、汇聚力量的强大法宝。"党始终坚持大团结大联合，团结一切可以团结的力量，调动一切可以调动的积极因素，促进政党关系、民族关系、宗教关系、阶层关系、海内外同胞关系和谐，最大限度凝聚起共同奋斗的力量。只要我们不断巩固和发展各民族大团结、全国人民大团结、全体中华儿女大团结，铸牢中华民族共同体意识，形成海内外全体中华儿女心往一处想、劲往一处使的生动局面，就一定能够汇聚起实现中华民族伟大复兴的磅礴伟力。

〔一〕

建立最广泛的统一战线是党克敌制胜的重要法宝

"毛泽东同志说过，所谓政治，就是把拥护我们的人搞得多多的，把反对我们的人搞得少少的。"[1] 习近平总书记强调，"人心向背、

①《习近平谈治国理政》第三卷，外文出版社 2020 年版，第 296 页。

力量对比是决定党和人民事业成败的关键，是最大的政治”[1]。统一战线是夺取革命、建设、改革事业胜利的重要法宝，是增强党的阶级基础、扩大党的群众基础、巩固党的执政地位的重要法宝，是全面建成小康社会、加快推进社会主义现代化、实现中华民族伟大复兴的中国梦的重要法宝。从历史中走来，我们党坚持人民创造历史的唯物史观，始终把统一战线摆在全党工作的重要位置，围绕各个历史时期的使命任务，调动一切可以调动的积极因素，最大限度凝聚共同奋斗的磅礴力量，为党和人民事业不断发展营造了十分有利的条件，使之成为具有深刻历史印迹、铸就不朽历史功勋的“传家宝”。

“新民主主义革命时期，为了推翻帝国主义、封建主义、官僚资本主义三座大山，实现民族独立、人民解放，我们党深刻分析中国半殖民地半封建的社会性质及其阶级状况，鉴于工人阶级特别是产业工人阶级力量还十分薄弱，提出联合其他阶级、实现民众的大联合的战略思想，团结全国人民共同奋斗。提出争取一切可能的同盟者，建立国民革命联合战线，掀起第一次大革命的高潮。采取发展进步势力、争取中间势力、孤立顽固势力、又联合又斗争的方针”[2]，倡导并建立包括一切抗日的阶级阶层、政党团体和港澳台侨同胞在内的抗日民族统一战线，同时与苏联、美国、英国等建立世界反法西斯统一战线，推动取得抗日战争的胜利。“团结工农兵学商各被压迫阶级、各人民团体、各民主党派、各少数民族、各地华侨和其他爱国分子，组成人民民主统一战线，为夺取新民主主义革命的全国

① 中共中央文献研究室编：《十八大以来重要文献选编》(中)，中央文献出版社2016年版，第556页。

② 张庆黎：《团结一切可以团结的力量》，《人民日报》2021年12月6日。

性胜利、建立新中国奠定了坚实基础”[①]。新中国成立前夕，当百万雄师过大江、由北向南解放全中国时，各民主党派、爱国人士、社会贤达纷纷响应我们党号召，汇聚在中共中央周围，共商国是、共襄盛举，迎接新中国的诞生。“正是由于团结一切可以团结的力量在中国革命中的极端重要性，毛泽东同志把统一战线同武装斗争、党的建设一起作为党的‘三大法宝’，强调没有一个包括全民族绝大多数人口的最广泛的统一战线，革命的胜利是不可能的”[②]，创造性地解决了团结全民族最大多数人共同奋斗的革命统一战线的一系列重大问题，为党和人民事业凝聚了一支最广大的同盟军。

“社会主义革命和建设时期，为了巩固新生人民政权，恢复国民经济，建立社会主义基本制度，完成社会主义改造，推进社会主义建设，我们党坚持巩固和发展人民民主统一战线”[③]。毛泽东明确提出：我们胜利的获得，国内“是依靠了工人阶级领导的工农联盟，并且广泛地团结了一切可能团结的力量”[④]；国际上，“是依靠了以苏联为首的和平民主社会主义阵营的支持，以及全世界爱好和平的人民的深厚同情”[⑤]。强调“我们要调动一切直接的和间接的力量，为把我国建设成为一个强大的社会主义国家而奋斗”[⑥]，“在国内，工人和农民是基本力量。中间势力是可以争取的力量。反动势力虽是一

① 张庆黎：《团结一切可以团结的力量》，《人民日报》2021 年 12 月 6 日。

② 同上。

③《毛泽东文集》第七卷，人民出版社 1999 年版，第 115 页。

④ 同上。

⑤ 同上。

⑥ 同上书，第 24 页。

种消极因素，但是我们仍然要作好工作，尽量争取化消极因素为积极因素。在国际上，一切可以团结的力量都要团结，不中立的可以争取为中立，反动的也可以分化和利用”[①]。作出知识分子“已经是工人阶级的一部分”[②]的科学论断，“规定了对知识分子和教育科学文化工作的正确政策。对民族资产阶级实行和平改造和赎买政策，完成对资本主义工商业的社会主义改造。提出‘长期共存、互相监督’八字方针，加强与各民主党派、无党派人士团结合作。实行民族区域自治制度，推动民族地区社会变革，发展社会主义民族大团结。支持基督教、天主教开展‘三自’爱国运动和佛教、道教、伊斯兰教、藏传佛教宗教制度的民主改革”[③]。在国际上团结全世界一切可能团结的力量，“团结苏联，团结兄弟党、兄弟国家和人民，还要团结所有爱好和平的国家和人民，借重一切有用的力量”[④]；同赞成和平共处五项原则的国家建立和发展友好关系，反对在国际事务中使用武力和武力威胁，支持世界人民的和平运动，反对殖民主义，即便对于当时敌视我国的美国，我们仍然努力通过和平协商的方法来解决同美国的争端，“把敌人缩小到最少”[⑤]。这些政策措施，有利于团结全党凝聚开拓前进的力量，团结国内外一切可能团结的力量共同奋斗，意气风发地开展社会主义建设，极大激发了各族各界人士参加社会主义革命和建设的热情。

---

①《毛泽东文集》第七卷，人民出版社 1999 年版，第 23—24 页。

②《建国以来重要文献选编》第八册，中央文献出版社 1994 年版，第 16 页。

③ 张庆黎：《团结一切可以团结的力量》，《人民日报》2021 年 12 月 6 日。

④《毛泽东选集》第七卷，人民出版社 1999 年版，第 88 页。

⑤ 同上书，第 62 页。

改革开放和社会主义现代化建设新时期，邓小平指出，“统一战线仍然是一个重要法宝，不是可以削弱，而是应该加强，不是可以缩小，而是应该扩大”[①]，并强调，“统战工作是全党各部门的工作，如果不使每个干部、每个党员都懂得这一点，这项工作是做不好的”[②]。随着“党和国家工作中心转移到经济建设和改革开放上来，党作出新时期统一战线是爱国统一战线的重大政治论断，统一战线的范围和规模进一步扩大，形成了‘两个范围’的联盟，即由大陆全体劳动者、爱国者组成的，以社会主义为政治基础的联盟；团结台湾同胞、港澳同胞、海外侨胞，以拥护祖国统一为政治基础的联盟。提出‘长期共存、互相监督、肝胆相照、荣辱与共’十六字方针，出台关于坚持和完善中国共产党领导的多党合作和政治协商制度的意见，落实知识分子和民族、宗教政策，颁布实施民族区域自治法，提出‘和平统一、一国两制’方针，团结各方面人士投身改革开放和社会主义现代化建设事业。党的十六大后，我国进入全面建设小康社会新的发展阶段，党把统一战线进一步表述为由中国共产党领导的，有各民主党派、各人民团体参加的，包括全体社会主义劳动者、社会主义事业的建设者、拥护社会主义的爱国者、拥护祖国统一和致力于中华民族伟大复兴的爱国者的联盟，并载入宪法和党章。同时，强调政党关系、民族关系、宗教关系、阶层关系、海内外同胞关系是需要全面把握和正确处理的重大关系，着力推动‘五大关系’和谐，充分调动了各族各界人士共同致力于全面建设小

①《邓小平文选》第二卷，人民出版社 1994 年版，第 203 页。
②《邓小平文选》第一卷，人民出版社 1994 年版，第 188 页。

康社会的积极性”[1]。

中国特色社会主义进入新时代，习近平总书记指出：“统一战线是党的事业取得胜利的重要法宝，必须长期坚持。”[2] 并强调：“统战工作的本质要求是大团结大联合，解决的就是人心和力量问题。这是我们党治国理政必须花大心思、下大气力解决好的重大战略问题。”[3] 党的十八大以来，以习近平同志为核心的党中央高度重视统一战线工作，召开了中央统战工作会议、中央民族工作会议、全国宗教工作会议、第二次中央新疆工作座谈会、中央第六次西藏工作座谈会和全国新的社会阶层人士统战工作会议，颁布了我们党关于统一战线的第一部党内法规《中国共产党统一战线工作条例》，出台了一批重要的规范性文件，领导和推动统一战线不断创新发展、巩固壮大，统一战线在中国特色社会主义事业中发挥了重要作用。

党的十八大以来，我们党先后提出完善和发展我国新型政党制度，加强对多党合作事业的全面领导，制定社会主义协商民主建设、政党协商、加强中国特色社会主义参政党建设等文件，充分发挥我国新型政党制度优势。突出重点做好党外知识分子工作，注重把党外知识分子组织起来，开展践行社会主义核心价值观、“弘扬爱国奋斗精神、建功立业新时代”以及国情考察、社会服务等活动，支持和引导他们在教学、科研、生产、管理等一线建功立业。在党中央领导下，广大知识分子学有所长、术有专攻、业有所成，为经济、

① 张庆黎：《团结一切可以团结的力量》，《人民日报》2021 年 12 月 6 日。

②《习近平谈治国理政》第三卷，外文出版社 2020 年版，第 31 页。

③ 中共中央文献研究室编：《十八大以来重要文献选编》（中），中央文献出版社 2016 年版，第 556 页。

科技、教育、卫生、军事等改革发展贡献了聪明才智。推动新时代民族团结进步事业取得新的历史性成就，以铸牢中华民族共同体意识为主线，坚定不移走中国特色解决民族问题的正确道路，构筑中华民族共有精神家园，促进各民族交往交流交融，推动民族地区加快现代化建设步伐，提升民族事务治理法治化水平，防范化解民族领域风险隐患，推动新时代党的民族工作高质量发展。坚持我国宗教的中国化方向，坚持党的宗教工作基本方针，全面贯彻党的宗教信仰自由政策，依法管理宗教事务，坚持独立自主自办原则，积极引导宗教与社会主义社会相适应。着力做好非公有制经济人士团结引领工作，毫不动摇巩固和发展公有制经济，毫不动摇鼓励、支持和引导非公有制经济发展，构建亲清政商关系，促进非公有制经济健康发展和非公有制经济人士健康成长。加强同港澳台同胞和海外侨胞的团结，作出健全中央依照宪法和基本法对特别行政区行使全面管治权、完善特别行政区同宪法和基本法实施相关的制度和机制的重大决策，推动建立健全香港特别行政区维护国家安全的法律制度和执行机制，提出新时代坚持“一国两制”、推进祖国和平统一的五项主张，着力凝聚侨心、汇集侨智、发挥侨力、维护侨益。在党中央坚强领导下，统一战线高举爱国主义、社会主义旗帜，牢牢把握大团结大联合的主题，进一步增强了对中国特色社会主义的道路自信、理论自信、制度自信、文化自信，进一步促进了政党关系、民族关系、宗教关系、阶层关系、海内外同胞关系和谐，进一步巩固发展了团结、奋进、开拓、活跃的良好局面，为推动经济社会发展、维护社会和谐稳定、促进祖国统一进程作出了新的重要贡献。

[二]

团结一切可以团结的力量

习近平总书记指出："我们要巩固和发展最广泛的爱国统一战线，加强中国共产党同民主党派和无党派人士团结合作，巩固和发展平等团结互助和谐的社会主义民族关系，发挥宗教界人士和信教群众在促进经济社会发展中的积极作用，最大限度团结一切可以团结的力量。"[①] 当前，实现中华民族伟大复兴正处在关键时期，面对我国发展内外环境深刻变化、所有制形式更加多样、社会阶层更加多样、社会思想观念更加多样，做好团结一切可以团结力量工作的挑战更加严峻，任务更加艰巨。面对宏伟的事业、艰巨的任务，单靠我们党"千里走单骑"是不行的，必须把握历史大势，坚持原则，紧紧围绕实现中华民族伟大复兴这一历史主题，不断巩固和发展海内外中华儿女的大团结大联合，最充分地凝聚共识、凝聚人心、凝聚智慧、凝聚力量，努力团结一切可以团结的力量、调动一切可以调动的积极因素，形成心往一处想、劲往一处使的生动局面，为党和国家事业提供强大持久广泛的力量支持。

坚持中国共产党的领导。领导权问题是最根本的问题，中国共产党对统一战线实行坚强正确的领导，是中国统一战线的根本特点，

① 《习近平谈治国理政》第一卷，外文出版社 2018 年版，第 41 页。

也是中国统一战线得以在长期的革命、建设和改革实践中发挥重大作用的根本保证。1947 年 12 月，毛泽东在总结中国革命的历史经验时指出:“中国新民主主义的革命要胜利，没有一个包括全民族绝大多数人口的最广泛的统一战线，是不可能的。不但如此，这个统一战线还必须是在中国共产党的坚强的领导之下。没有中国共产党的坚强的领导，任何革命统一战线也是不能胜利的。”① 中国共产党领导是中国特色社会主义最本质的特征，是中国特色社会主义制度的最大优势，也是团结一切可以团结力量的根本保证。新的征程上，实现大团结大联合，必须始终坚持党的领导，做好团结工作所坚持的基本原则、实行的政策、采取的措施等，都要有利于坚持和巩固党的领导地位，引导各方面人士自觉接受和维护中国共产党的领导，紧紧团结在党的周围，形成“众星捧月”之势。

用共同目标凝聚人心和力量。团结一切可以团结的力量，就是要在一个共同的目标下，实现各民族、各党派、各阶层、各方面人民最广泛的团结。全面建成社会主义现代化强国、实现中华民族伟大复兴，是中国人民的共同奋斗目标。目标就是旗帜。新的征程上，需要把共同目标作为政治动力源和前进方向标，把握我国社会主要矛盾变化，聚焦立足新发展阶段、贯彻新发展理念、构建新发展格局、推动高质量发展，把逐步实现全体人民共同富裕摆在更加重要的位置，团结和联合不同党派、不同民族、不同宗教、不同阶层的各方面成员，在共同目标下统一思想、统一意志、统一步调，向着第二个百年奋斗目标奋勇前进。

① 《毛泽东选集》第四卷，人民出版社 1991 年版，第 1257 页。

坚持一致性和多样性统一。把海内外中华儿女团结起来，必须正确处理一致性和多样性的关系。统一战线是一致性和多样性的统一体，是和而不同、求同存异的统一体。只有一致性、没有多样性，就不需要“统”；只有多样性、没有一致性，则“统”不起来。统战，重在“统一”，突出强调的是相容、平和。《春秋左传》记载，晏子曾对和与同进行了论述：“和如羹焉，水、火、醯、醢、盐、梅，以烹鱼肉。”“声亦如味，一气，二体，三类，四物，五声，六律，七音，八风，九歌，以相成也。”“若以水济水，谁能食之？若琴瑟之专壹，谁能听之？”一致性是共同思想政治基础的一致，多样性是利益多元、思想多样的反映。正确处理一致性和多样性关系，关键是坚持求同存异、聚同化异。统战工作是促进政党关系、民族关系、宗教关系、阶层关系和海内外同胞关系和谐的过程，说到底就是不断增进一致性、正确对待多样性的过程。新的征程上，只要把政治底线这个圆心固守住，包容的多样性半径越长，画出的同心圆就会越大，就越能团结一切可以团结的力量，调动一切可以调动的积极因素，巩固和发展同心共筑中国梦的最广泛统一战线。

坚持和完善团结一切可以团结力量的制度机制。做好团结一切可以团结力量的工作，离不开制度机制的保障。新的征程上，进一步完善照顾同盟者利益政策，关注统一战线成员的思想和精神需求，按照党中央坚持和完善中国特色社会主义制度、推进国家治理体系和治理能力现代化的部署要求，不断健全相关法律、政策、制度。进一步完善同党外知识分子、民族宗教界人士、非公有制经济人士、新的社会阶层人士等沟通联络机制，以教育引导为主线，以培养使用为重点，以组织起来为依托，发挥他们的智慧和才能，为中国特色社会主义事业凝聚力量。进一步建立和完善港澳台侨同胞工作、联谊、交流机制，团结他们共同致力于实现中华民族伟大复兴。

充分发挥人民政协在团结一切可以团结力量中的独特优势和作用。人民政协是最广泛的爱国统一战线组织，具有组织上的广泛代表性和政治上的巨大包容性。要发挥人民政协组织体系健全、同各族各界人士联系紧密的制度性优势，积极促进各方面关系和谐，为海内外中华儿女大团结大联合广泛凝心聚力。巩固共同思想政治基础，引导参加人民政协各党派团体和各族各界人士增进对中国共产党和中国特色社会主义的政治认同、思想认同、理论认同、情感认同，在习近平新时代中国特色社会主义思想旗帜下携手前进。坚持团结和民主两大主题，一方面，健全联络机制，更好联系服务各党派团体和各族各界人士，不断扩大团结；另一方面，发挥专门协商机构作用，加强协商平台建设，坚持商以求同、协以成事，做到团结和民主相互贯通、相互促进、相得益彰。广泛凝聚共识，发挥人民政协作为实行新型政党制度重要政治形式和组织形式的作用，加强同党外知识分子、非公有制经济人士、新的社会阶层人士沟通联络，加强与爱国爱港、爱国爱澳社团联系，拓展同台湾岛内有关党派团体、社会组织、各界人士的交流交往，广泛团结海外侨胞，为最大限度凝聚起共同奋斗的力量发挥政协作用。开展人民政协对外交往，加强同各国人民、政治组织、媒体智库等的友好往来，讲好中国故事、中国共产党故事、中国特色社会主义故事；积极宣传人类命运共同体理念，助推共建“一带一路”高质量发展，为推动构建人类命运共同体作出积极贡献。

［三］

不断铸牢中华民族共同体意识

中华民族共同体，是中国历史发展的产物。中华民族共同体意识，是国家统一之基、民族团结之本、精神力量之魂。习近平总书记指出：“各族人民亲如一家，是中华民族伟大复兴必定要实现的根本保证。实现中华民族伟大复兴的中国梦，就要以铸牢中华民族共同体意识为主线，把民族团结进步事业作为基础性事业抓紧抓好。”[①] 铸牢中华民族共同体意识，是实现中华民族伟大复兴的需要，也是推动民族团结进步、促进经济社会发展的需要。要深植于历史，更要着眼于发展，不断增强对伟大祖国、中华民族、中华文化、中国共产党、中国特色社会主义的认同，在共同团结奋斗中实现共同繁荣发展。

强化对伟大祖国的认同。一部中国史，就是一部各民族交融汇聚成多元一体中华民族的历史，就是各民族共同缔造、发展、巩固统一的伟大祖国的历史。中国作为统一的多民族国家，是56个民族共同缔造的，各民族之间兄弟关系的传承自然也始终蕴含着携手并肩共同捍卫祖国稳固统一的坚强力量。不断增强各族群众对伟大祖国的认同，凝聚一心才可以胸怀国家，使我们的祖国更加强大。对

① 《习近平谈治国理政》第三卷，外文出版社2020年版，第299页。

伟大祖国的认同首先表现在爱国。习近平总书记指出："爱国主义精神深深植根于中华民族心中，是中华民族的精神基因，维系着华夏大地上各个民族的团结统一，激励着一代又一代中华儿女为祖国发展繁荣而不懈奋斗。"①"铸牢中华民族共同体意识，必须把弘扬爱国主义精神、加强爱国主义教育作为重要内容。不断挖掘和大力弘扬各民族爱国主义传统和精神，加强中华民族共同体历史、中华民族多元一体格局研究，引导各族人民把爱国情、强国志、报国行自觉融入坚持和发展中国特色社会主义事业、实现中华民族伟大复兴的奋斗中。持续深化正确国家观、历史观、民族观、文化观、宗教观教育，把中华民族共同体意识教育纳入干部教育、青少年教育、社会教育，让中华民族共同体意识根植人们的心灵深处。深入开展党史、新中国史、改革开放史、社会主义发展史教育，引导各族群众自觉以民族大义为念、以中华民族共同体为重，把国家的安全、荣誉和利益放在高于一切的位置"②，坚定不移维护祖国统一，把爱祖国与爱民族、爱家乡统一起来，自觉维护民族团结、促进祖国发展繁荣。

强化对中华民族的认同。中华民族是由各民族共同组成，是一个"多元一体"的命运共同体，并为各民族集体认同的民族共同体。中华民族不是被建构出来的"想象的共同体"，而是具有清晰历史传承脉络的各民族集体认同的民族共同体、历史共同体、命运共同体、

①《大力弘扬伟大爱国主义精神　为实现中国梦提供精神支柱》，《人民日报》2015 年 12 月 31 日。

② 尔肯江 · 吐拉洪：《铸牢中华民族共同体意识》，《人民日报》2020 年 11 月 3 日。

文化共同体。几千年来，中华民族始终追求团结统一，把“大一统”看作“天地之常经，古今之通义”。我国多民族历史演进的特点，造就了我国各民族在分布上的交错杂居、文化上的兼收并蓄、经济上的相互依存、情感上的相互亲近，形成了你中有我、我中有你、谁也离不开谁的多元一体格局。近代以后，面对亡国灭种的空前危机，各族人民共御外侮、同赴国难，共同书写了中华民族艰苦卓绝、气壮山河的伟大史诗。在百年抗争中，各族人民血流到了一起、心聚在了一起，共同体意识空前增强，中华民族实现了从自在到自觉的伟大转变。铸牢中华民族共同体意识，首先要认识我国多民族的基本国情，认识中华民族这个命运共同体，认识中华民族多元一体格局，“一体包含多元，多元组成一体，一体离不开多元，多元也离不开一体；一体是主线和方向，多元是要素和动力”[1]。中华民族和各民族的关系，是一个大家庭和家庭成员的关系，各民族的关系是一个大家庭里不同成员的关系。中华民族是一个命运共同体，一荣俱荣、一损俱损。各民族只有把自己的命运同中华民族的命运紧紧连结在一起，才有前途，才有希望。各民族团结奋斗、共同繁荣，是中华民族的立身之本、生命之依、力量之源。

强化对中华文化的认同。“加强中华民族大团结，长远和根本的是增强文化认同。”文化认同是最深层的认同，是民族团结之根、民族和睦之魂，文化认同问题解决了，对伟大祖国、对中华民族、对中国特色社会主义道路的认同才能巩固。中华文化源远流长，积淀

① 中共中央文献研究室编：《习近平关于社会主义政治建设论述摘编》，中央文献出版社 2017 年版，第 150 页。

着中华民族最深层的精神追求，代表着中华民族独特的精神标识，为中华民族生生不息、发展壮大提供了丰厚滋养。在历史发展的长河中，各族人民交往交流交融，每个民族的文化都是中华文化不可或缺的组成部分，都为中华文化的形成和发展作出了不可磨灭的巨大贡献。各民族的文化共同铸成了辉煌灿烂的中华文化。离开任何一个民族的文化，中华文化都不完整。强化文化认同，要坚持创造性转化、创新性发展，深入挖掘和阐发中华优秀传统文化的时代价值，增进各民族群众对中华文化的认同，更好在新时代传承中华文化基因、滋养中华文化血脉、展现中华文明气度；坚持交流互鉴、兼收并蓄，以社会主义核心价值观为引领，推动各民族文化的传承保护和创新交融，树立和突出各民族共享的中华文化符号、中华民族形象，聚合铸牢中华民族共同体意识的文化动力；推广普及国家通用语言文字，使之成为促进各民族民心相通、文化相融的桥梁。

强化对中国共产党的认同。中国共产党从诞生之日起，就把解决中国的民族问题摆在突出位置。中国共产党成立不久，就在少数民族中建立了党组织。九一八事变后，各族人民在中国共产党的号召下奋起抗击，一大批少数民族青年奔赴延安，成长为党的各级军政干部。抗日战争胜利后，在中国共产党的领导下，成立了少数民族自治区，各族人民摆脱束缚和压迫，真正实现了人民当家作主。新中国成立后，我们走出一条中国特色解决民族问题的正确道路，我们党把民族平等作为立国的根本原则之一，确立了民族区域自治制度，开辟了发展各民族平等团结互助和谐关系的新纪元。党的十八大以来，以习近平同志为核心的党中央，就民族工作作出一系列重大决策部署，推动我国民族团结进步事业取得了新的历史性成就，推动少数民族的面貌、民族地区的面貌、民族关系的面貌、中华民族的面貌都发生了翻天覆地的历史性巨变，中华民族共同体意识不断增强，平等团结互助和谐的社会主义民族关系不断巩固和发展。可以说，中国共产党的领导是民族工作成功的根本保证，也是各民族大团结的根本保证。只要我们牢牢坚持中国共产党的领导，就没有任何人任何政治势力可以挑拨我们的民族关系，我们的民族团结统一在政治上就有充分保障。中国共产党得到了人民的强烈认同、高度信任和衷心拥护。铸牢中华民族共同体意识，首要的就是加强党对民族工作的集中统一领导，把党的领导贯穿到做好民族工作的全过程、体现到加强民族团结的各方面，确保中国共产党始终成为推进民族团结进步事业的中流砥柱，确保民族团结进步事业始终沿着正确轨道向前推进，全面正确贯彻党的民族政策，切实增强听党话、感党恩、跟党走的政治自觉、思想自觉和行动自觉。

强化对中国特色社会主义的认同。民族区域自治制度是我国的基本政治制度，它从根本上保证了少数民族人民当家作主、自主管理本地方本民族内部事务，进而为实现各少数民族的民主权利和合法权益提供制度保障。我国当前坚定奉行的中国特色社会主义制度是一代代先驱在不断结合我国特色，依据马克思主义所提出的先进原理进行实践、探索和总结而成的，在现今世界格局环境下最适合当下及以后我国发展道路的制度体系。“只有中国特色社会主义才能凝聚各民族、发展各民族、繁荣各民族”[①]。对中国特色社会主义的认同就是对我国所走的政治道路的笃定。方向决定道路，道路决定

①《习近平谈治国理政》第三卷，外文出版社 2020 年版，第 299 页。

命运。要始终坚持坚定正确的政治方向，坚持中国共产党的领导不动摇，更加紧密地团结在以习近平同志为核心的党中央周围，始终如一地认同中国特色社会主义道路的正确性，坚定不移地把党中央的路线方针政策落到实处。历史发展表明，国家统一、民族团结，则政通人和、百业兴旺；国家分裂、民族纷争，则丧权辱国、人民遭殃。新时代对中国特色社会主义的认同将各民族成员紧密联结，激发并使在新时代的背景下中华民族成员的心理状态和精神风貌时刻保持创新活力，激发其蕴藏于精神中的内涵理解、情感共鸣、价值导向等，使中华民族共同体意识的凝练发展更加生生不息。对中国特色社会主义的认同为强化中华民族共同体意识的紧密凝聚提供了源源不断的强力粘剂，是铸牢中华民族共同体意识的重要组成部分。

第十一章

坚持自我革命

勇于自我革命是中国共产党区别于其他政党的显著标志，也是中国共产党长盛不衰的关键所在。党的十九届六中全会通过的《中共中央关于党的百年奋斗重大成就和历史经验的决议》指出：“党的伟大不在于不犯错误，而在于从不讳疾忌医，积极开展批评和自我批评，敢于直面问题，勇于自我革命。”党的百年征程就是一部以伟大自我革命引领伟大社会革命的光辉历史。百年来，我们党始终保持同人民群众的血肉联系，做人民利益的代表者、维护者和实现者，用行动和事实反复证明自我革命是我们党克敌制胜的重要法宝，也是党永葆生机活力的强大支撑。

[一]

勇于自我革命是我们党克敌制胜的重要法宝

2022 年 1 月 18 日，习近平总书记在十九届中央纪委六次全会上指出：“自我革命就是补钙壮骨、排毒杀菌、壮士断腕、去腐生肌，不断清除侵蚀党的健康肌体的病毒，不断提高自身免疫力，防止人亡政息。”先进的马克思主义政党是在不断自我革命中淬炼而成的。100多年来，我们党正是在领导革命、建设、改革的伟大实践中，不断清除一切损害党的先进性和纯洁性的消极因子，最终保证党永远不变质、不变色、不变味。进入新时代，我们党必须一以贯之深入推进自我革命，坚持不懈保持马克思主义政党政治本色，确保始终得到人民的衷心拥护，始终经得起各种风浪的考验，始终朝气蓬勃、向前发展。

自我革命是党永葆先进性和纯洁性的内在需要。丧失了先进性和纯洁性的马克思主义政党必然丧失群众的信赖和支持。这在国际共产主义运动中是有先例的。苏联共产党在拥有20万名党员时推翻沙皇统治、夺取政权，在拥有200万名党员时打败法西斯侵略者，却在拥有近2000万名党员时丢失政权、轰然倒下。放弃刀刃向内的自我革命精神，丢弃马克思主义政党政治本色，丧失共产主义政治信仰，进而失去人民支持是苏联共产党解散、苏联解体历史悲剧的根本原因。中国共产党之所以能在其百年发展历程中领导人民不断取得革命、建设和改革的伟大胜利，就是因为始终致力于以自我革命精神，永葆党的先进性和纯洁性。这是我们党在百年奋斗历程不断走向胜利的重要历史经验，也是确保党永葆生机活力的关键。针对一个时期以来管党治党不严，各种弱化党的先进性、损害党的纯洁性的因素经常出现的情形，习近平总书记指出，“我们加强党的建设，就是要同一切弱化先进性、损害纯洁性的问题作斗争，祛病疗伤，激浊扬清。全党要以自我革命的政治勇气，着力解决党自身存在的突出问题，不断增强党自我净化、自我完善、自我革新、自我提高能力”[①]。新时代，我们党要跳出“其兴也勃焉、其亡也忽焉”的历史周期率，达到通过自我革命永葆先进性和纯洁性、“自身始终过硬”的目的，就必须始终坚持自我革命。例如，我们党要以自我革命的精神经常检视自己，反思是否始终是时代先锋、民族脊梁；是否淡忘了共产主义远大理想；是否为了眼前暂时的利益而忘记根本大计，只图一时的成就而不顾后果。只有经常性地进行政治体检，才能不断提升自我革命的紧迫性和针对性。

自我革命是党实现长期执政的战略举措。剥削制国家对社会进行统治和压榨、进行权力寻租有其必然性，但即便是在社会主义国家，受剥削阶级思想和错误权力观的影响，国家机关及其工作人员也有可能背弃为人民服务的宗旨，滥用权力、贪污腐化。这就是影响党长期执政致命的腐蚀剂，马克思、恩格斯对此早有洞见。19 世纪末，为了防止国家和国家机关由社会公仆变为社会主人，防止人们追求升官发财，巴黎公社把行政、司法和国民教育方面的一切职位交给由普选选出的人担任，而且规定选举者可以随时撤换被选举者；对所有公职人员，不论职位高低，都只付给跟其他工人同样的工资。这些办法，有力限制和规范了国家公职人员的权力，避免了腐败现象。邓小平指出，“必须使民主制度化、法律化”[②]。他在 1980 年所作的《党和国家领导制度的改革》中还指出，“领导制度、组织制度问题更带有根本性、全局性、稳定性和长期性”[③]。党的十八大后，以习近平同志为核心的党中央坚持全面从严治党，不断扎牢制

①《习近平谈治国理政》第二卷，外文出版社 2017 年版，第 43 页。

②《邓小平文选》第二卷，人民出版社 1994 年版，第 146 页。

③ 同上书，第 333 页。

度的笼子，逐步建立起以党章为核心的党内法规体系，依规治党取得了显著成效。以上实践，全部目的就是为了确保国家的权力始终在法律制度的框架轨道内运行，把权力关进制度的笼子里，在体制机制上自我完善、革故鼎新、守正创新，以实现党的执政队伍的自我净化和执政能力的自我提高。兼革命党与使命党于一身的中国共产党，如何有效巩固和建设政权，实现长期执政，是历史和时代对我们党的重大考验。历史和实践反复证明，法治是决定党长期执政的主要方面。党和国家的权力受到了规范和制约，就会从根本上有效克服权力异化和消极腐败现象，党的长期执政就有了制度保证。这个自我革命是在党长期执政问题上最彻底的、居于首位的自我革命。认识到了这一点，就抓住了问题的要害。

自我革命是党领导人民进行伟大社会革命的客观要求。中国共产党的百年奋斗史就是一部以自我革命推动伟大社会革命的历史。伟大社会革命锻造和成就伟大的党，伟大自我革命保障和推动伟大的事业，这是中国共产党在百年发展史中不断从胜利走向新的胜利的宝贵经验和重要遵循。20 世纪 70 年代末，我们党果断由改革开放前建设社会主义的老路，转到中国特色社会主义道路这条新路。正是因为这次中国历史上重要的自我革命，极大地推动了我国改革开放后 40 多年的社会革命。以经济领域为例，我国经济实现跨越式发展，跃居世界第二大经济体，人民生活水平和国际地位大幅提高。无产阶级政党的历史使命，就是遵循人类社会基本矛盾运动规律，顺应历史发展潮流，领导人民进行社会革命。我们党自成立之日起，就以自我革命精神致力于“建设一个全国范围的、广大群众性的、思想上政治上组织上完全巩固的布尔什维克化的中国共产党”①，并带领人民在100多年的革命、建设和改革过程中取得一系列举世瞩目的发展成就，成功开创了中国特色社会主义道路。这些都是中国共产党以自我革命推动伟大的社会革命取得的辉煌成就。党的十八大以来，我们坚持新时代中国特色社会主义道路，不断推进中国特色社会主义伟大事业，这是一场更加广泛而深刻的社会革命。到21世纪中叶，我们将全面建成社会主义现代化强国。这将是我们党在21世纪推动的最伟大的社会变革。新时代党的自我革命将通过全面从严治党推动全面深化改革为社会革命继续提供正确的政治路线，塑造坚强的领导核心，培养德才兼备的纯洁的干部队伍，确保党领导人民进行伟大社会革命的顺利进行。

[二]

我们党对自我革命进行了长期探索

勇于自我革命，是熔铸在中国共产党人血脉里的政治基因。习近平总书记指出：“勇于自我革命，从严管党治党，是我们党最鲜明的品格，全面从严治党永远在路上。”②党的自我革命贯穿党的成长和奋斗的各个历史时期，无论是革命、建设还是改革，党无时无

①《毛泽东选集》第二卷，人民出版社1991年版，第602页。

②《习近平谈治国理政》第三卷，外文出版社2020年版，第71页。

刻不展现出勇于自我革命的精神特质。

在革命中探索民族解放道路。28年中国革命史也是中国共产党通过自我革命不断走向成熟、走向胜利的历史。早在中国共产党成立之初，我们党就明确了党的性质、奋斗目标和基本任务，从源头上决定了我们党将自我革命进行到底的内在基因。在大革命失败到全民族抗日战争前夕这段时期，我们党曾经两次经受严峻的考验（一是大革命的失败，二是第五次反“围剿”的失败），也是中国共产党在极端困难的条件下坚持斗争并达到政治上成熟的重要时期。在关乎党和革命事业前途和命运的严重危急时刻，我们党于1927年8月7日召开了八七会议，富有里程碑意义地开启了武装反抗国民党反动统治、独自领导中国革命的伟大征程。1929年底召开的古田会议，确立思想建党、政治建军原则，开展马克思主义思想教育活动，加强组织纪律教育，统一党内思想，纠正军阀作风。1935年1月召开的遵义会议批判了“左”倾错误对中国革命带来的严重危害，开始确立以毛泽东同志为主要代表的马克思主义正确路线在党中央和红军的领导地位。从抗日战争到解放战争推翻国民党反动统治、建立新中国这一历史时期，是中国共产党由革命党走向执政党的重要时期。1942年，为了纠治党内出现的“左”、右倾错误以及教条主义、主观主义、宗派主义等错误，党中央开展了延安整风运动，这是一次深刻的马克思主义思想教育运动，为夺取抗日战争的胜利和新民主主义革命在全国的胜利奠定了重要的思想政治基础。通过对全体党员的马克思主义教育，使全党在思想上、精神上、组织上得到了空前的团结。1949年3月5日，毛泽东在七届二中全会上所作的报告中，鲜明提出“两个务必”，即“务必使同志们继续地保持谦虚、谨慎、不骄、不躁的作风，务必使同志们继续地保持艰苦奋斗的作风”①，强调全党必须始终保持和发扬自我革命的精神。回顾新民主主义革命的这28年时间可以看出，我们党运用自我革命这一强大武器，以树立和纯洁全党无产阶级思想为主线，坚持向党内一切非马克思主义思想作坚决斗争，纠正了党内的错误思想倾向，并一步步实现了全党思想的统一。

在社会主义建设中探索如何实现全面执政。在新中国成立初期，面对国内国外异常复杂的形势和严峻的考验，中国共产党为了贯彻落实毛泽东提出的“两个务必”主张，进行了全党的整风整党运动。这是我们党在全国执政后首次刀刃向内的自我革命，开启了从严治党、清廉治国的良好风气。这期间，毛泽东反复论述了执政党建设方面存在的许多重要问题，强调了执政党的建设问题以及执政党如何长期执政等深层次矛盾问题。一是为及时克服党内存在的不良风气，通过不断增强党的先进性和战斗力，确保各项任务的顺利完成。二是为加强党的队伍建设，筑起党员抵御风险的防线。这一时期“三反”“五反”运动与整党整风运动同时开展，遏制了党内出现的贪腐苗头，对刘青山、张子善等高级干部的严厉处置发挥了很好的警示作用，教育和挽救了一大批干部，纯洁了党的肌体，巩固了党的执政地位。1954年，设立国家监察部，为监督党、保持党的纯洁性提供了组织保障。1962年，刘少奇同志在“七千人大会”上指出了党内存在的缺点和错误，指出缺乏经验以及不够谦虚谨慎所造成的恶果，总结的16条经验教训，对党的思想统一、纠正“左”倾错误、进一步落实“八字方针”、克服经济困难发挥了重要作用。“文

①《毛泽东选集》第四卷，人民出版社1991年版，第1438—1439页。

化大革命”时期，党的思想、组织、作风、制度等均遭到严重破坏，教训十分深刻。其发生不是偶然的，而是1957年以来党内“左”倾错误进一步发展的产物。这也表明，越是在革命事业进展顺利之时，越需要谦虚谨慎，越需要保持自我革命的精神，如果放松了自我改造，不论是对个人，还是对组织，都会带来严重的损害。

在解放思想中提升党的执政能力。中国共产党以纠正错误的勇气、自我革命的精神及时调整发展方向，使国家在对内改革、对外开放的进程中走上社会主义现代化建设的道路。粉碎“四人帮”以后，全党围绕真理标准问题进行的大讨论，是将党从“左”倾思想束缚下解放出来的一次自我革命。党的十一届三中全会后，广大干部群众从“文化大革命”及其以前“左”倾思想束缚下解脱出来，党内外出现研究新情况、解决新问题的生动局面。邓小平在总结我国建设正反两个方面经验的基础上，针对党内长期存在的“左”倾错误思想以及“两个凡是”的错误方针，提出必须要注重思想建设，恢复实事求是的思想路线。在此基础上，我们党作出改革开放的伟大决策。这一时期，我们党通过集中对马克思主义理论的学习，有力加强了党的执政能力建设。党的十三届四中全会以后，如何继续抓好改革开放的历史机遇期，成为当时迫切需要解决的问题。党中央审时度势，发挥自我革命的精神和勇气，持之以恒开展反腐倡廉、正风肃纪和党内集中教育活动，在全国广大地区进行了马克思主义教育；重新恢复和健全了党的工作系统以统一全党的思想与行动，从制度、思想、政治、组织和作风等方面提出问题，进行整改；建立相关体制与法律法规预防和约束腐败行为的发生，逐步形成拒腐防变教育长效机制、反腐倡廉制度体系、权力运行监控机制，走出了一条适合中国国情、具有中国特色的反腐倡廉道路。1996年，党的十四届六中全会提出对领导干部开展“三讲”教育，通过纠正党风不正的问题以培养党员的党性修养，加强党的自身建设。进入新世纪，党中央提出要大力弘扬求真务实精神、大兴求真务实之风，以改革创新的时代精神增强党的执政能力建设，以执政意识的观念变革来指导实现党的自我革命，提出将党建设成一支学习型、服务型、创新型的马克思主义政党，使党的先进性、纯洁性得到进一步发展。

以自我革命精神深化全面从严治党。党的十八大以来，以习近平同志为核心的党中央将全面从严治党纳入“四个全面”战略布局，将思想建党和政治建党有机结合，以刀刃向内的勇气净化党内政治生态，以形式多样、全面覆盖、深度革命为特色，对党内存在的各种问题进行整顿和反思，赢得人民的信任以及国际社会的赞扬。一是坚持反腐无禁区、全覆盖、零容忍，持续推进高压反腐。贪污腐败的党员是对人民信任的违背，长期以来党内存在的贪污腐败现象腐蚀着党的肌体，摧毁着党的执政基础，是党在自身建设中面临的最大危险之一。党的十八大以来，对贪污腐败的惩治之厉、范围之广都是前所未有的。我们党坚持以壮士断腕的勇气“打虎”“拍蝇”“猎狐”，对党内存在的各种腐败现象进行严厉的打击，反腐败斗争取得了压倒性胜利并全面巩固，形成了不敢腐、不能腐、不想腐的有利局面。无论是位高权重的领导干部，还是处于基层的村级干部，只要侵害党的肌体的纯洁性，都将严惩不贷。二是从党的作风和纪律建设方面推进党的自我革命。党的十八大以来，我们党在全国范围内严厉整治“四风”和坚决反对特权的活动，对公车私用、违规发津贴、违规收礼送礼、大办婚丧喜宴、公款吃喝等进行了普遍整顿。我们党着力把权力关进制度的笼子里，严明党的纪律，对党员干部的不良作风进行整顿，同时对违反规定的行为进行立案侦查、一查到底。在思想建设方面，积极开展主题教育，深入推进“两学一做”学习教育和“不忘初心、牢记使命”主题教育，用党的理论创新成果，从思想方面对党员进行彻底的改造，深植自我革命的精神。

［三］

在新时代把党的自我革命推向深入

从石库门到天安门，从兴业路到复兴路，中国共产党筚路蓝缕走过的百年光辉历程，是依靠自我革命，不断自我净化、自我完善、自我革新、自我提高的100年。百年的辉煌奋斗历程充分表明，始终坚持推进自我革命是我们党能够永葆生机活力，实现长期执政的关键。面向未来，我们要不断守正创新，丰富和发展自我革命的精神和实践，要以党的建设带动伟大社会革命，以伟大社会革命推进中华民族复兴伟业，持续增强党的创造力凝聚力战斗力，引领中华民族复兴号“航船”行稳致远。

以加强党的执政能力建设为自我革命的主线。党的二十大把习近平新时代中国特色社会主义思想的主要内容归纳为“十个明确”“十四个坚持”“十三个方面成就”，“十个明确”其中一条就是

"明确全面从严治党的战略方针，提出新时代党的建设总要求，全面推进党的政治建设、思想建设、组织建设、作风建设、纪律建设，把制度建设贯穿其中，深入推进反腐败斗争，落实管党治党政治责任，以伟大自我革命引领伟大社会革命"[①]。新时代我们党永葆自身执政地位的关键，就是不断加强党的执政能力建设、提高执政能力和水平。其主要内容有：一是加强党的政治建设，做到旗帜鲜明讲政治。把一个政党政治建设做好是确保全党步调一致、协调统一、令行禁止、坚强有力的重要保证。新时代加强党的政治建设，就要通过自我革命，坚决消除重大政治隐患，严厉惩治违反政治纪律和政治规矩的行为，不断提高全党的政治判断力、政治领悟力、政治执行力，增强"四个意识"，坚定"四个自信"，做到"两个维护"，把准政治方向，站稳政治立场，营造良好政治生态。二是加强党的思想建设，树立坚定理想信念。重视思想建设这一基础性建设，突出思想建党、理论强党是我们的独特优势。避免一个政党丢失灵魂，防止在困难挑战面前犯"软骨病"，就要通过自我革命，澄清一切思想上的混乱和误区，坚决抵制各种错误思想、错误思潮的腐蚀侵害，深入学习研究马克思主义理论，不断用党的创新理论武装头脑、指导实践。三是加强党的组织建设，打造强有力的战斗堡垒。党的组织建设得好，党就坚强有力。新时代加强党的组织建设，必须强化党的自我革命，坚持刀刃向内，着力解决党组织弱化、虚化、边缘化问题；必须以新时代党的组织路线为指引，加强干部队伍建设，

①《中共中央关于党的百年奋斗重大成就和历史经验的决议》，人民出版社 2021 年版，第 25 页。

选拔忠诚干净担当的好干部，提高干部综合能力水平；必须加强基层组织建设，持续不断提高基层党组织的组织力、号召力、战斗力。四是加强党的作风建设，营造风清气正的良好风气。党的作风的好坏，关系人心向背，关系党的生死存亡。我们党来自人民、植根人民、服务人民，一旦脱离群众就会失去生命力，全面从严治党必须从人民群众反映强烈的作风问题抓起。新时代加强党的作风建设，就要通过自我革命，持之以恒整治“四风”问题，坚决纠正损害群众利益的行为，弘扬密切联系群众的优良传统，坚持开展批评和自我批评，强化监督执纪。五是加强党的纪律建设，严明纪律和规矩。加强纪律建设是全面从严治党的治本之策。新时代我们党亟须通过深入推进自我革命加强党的纪律建设，严厉惩处违反党的纪律的错误行为，坚决惩治腐败，把纪律和规矩挺在前面，确保纪律执行和落实到位。六是加强党的制度建设，为全面从严治党提供坚实制度保障。紧紧围绕新时代党的建设总目标和党的中心工作，紧密结合党员队伍实际状况，突出问题导向，突出从严要求，把思想建党和制度治党结合起来，使之同频共振、同向发力。坚持依法治国和制度治党、依规治党统筹推进、一体建设，确保党既依据宪法法律治国理政，又依据党内法规管党治党、从严治党。坚持制度制定与制度执行并重。要坚持一手抓制度制定、一手抓制度执行，既紧贴时代需求科学民主制定有效管用的法规制度，又以钉钉子精神抓执行，加强对制度执行的监督，把监督检查、目标考核、责任追究结合起来，坚持有责必问、问责必严。

依靠制度建设把党的自我革命推向深入。我们党一直重视依靠制度建设加强自我建设、自我革命。1938 年 9 月至 11 月在延安召开的中共扩大的六届六中全会上，鉴于张国焘严重破坏党内纪律的行为以及以往党内法规制度建设力度不够所带来的危害，党中央开始重视加强党内法规制度建设方面的工作，并审议通过了《中共扩大的六中全会关于中央委员会工作规则与纪律的决定》。我们党的自我革命取得了很多显著的成就，但仍存在着一些深层次、长期性的问题没有得到完全解决，需要我们在新时代将党的自我革命继续推向深入。加强制度建设正是我们将自我革命历程推向深入的有效途径。要建立健全相关制度，用制度管权管事管人。制度建设是根本性、全局性、稳定性、长期性的建设。党的二十大报告指出，要完善党的自我革命制度规范体系。坚持制度治党、依规治党，以党章为根本，以民主集中制为核心，完善党内法规制度体系，增强党内法规权威性和执行力，形成坚持真理、修正错误，发现问题、纠正偏差的机制。健全党统一领导、全面覆盖、权威高效的监督体系，完善权力监督制约机制，以党内监督为主导，促进各类监督贯通协调，让权力在阳光下运行。推进政治监督具体化、精准化、常态化，增强对“一把手”和领导班子监督实效。发挥政治巡视利剑作用，加强巡视整改和成果运用。落实全面从严治党政治责任，用好问责利器。

一体推进反腐败斗争。有权力运行的地方就容易滋生腐败问题。1951 年，中国共产党先后查处刘青山、张子善严重贪污盗窃国家资产案件，并判处刘青山、张子善死刑，在全党全军全国人民中反响很大。党的二十大报告指出：“坚持不敢腐、不能腐、不想腐一体推进，同时发力、同向发力、综合发力。”党的十八大以来，以习近平同志为核心的党中央高度重视反腐败斗争，采取雷霆手段严厉打击，取得了显著的成效。但是，因为腐败问题本身的长期性和反复性，我们党面临的反腐败斗争形势仍然十分严峻。新时代将党的自我革命推向深入，要着力在一体化推进反腐败斗争上下功夫。一是继续强化不敢腐的震慑。做好对贪污腐败的惩治和威慑是实现不敢腐目标的关键。在新时代推进党的自我革命要坚持无禁区、全覆盖和零容忍反腐，坚决做到“老虎”“苍蝇”一起打，做到有腐必反，消灭党员干部存在的侥幸心理。二是继续加强不能腐的监督。只有取得反腐败斗争的突破性成就，真正构筑起不能腐的制度堤坝，才能真正实现无人能够钻空子、找漏洞的成效。新时代我们要强化对公权力的监督，要加强法治建设、增强法治思维，要善于运用技术手段弥补人力监督的不足与局限，多措并举切实弥补一切监督空白和漏洞，用制度构筑起关住权力的笼子，不断提高监督效率与质量。三是继续加强不想腐的自觉。消除腐败行为重在思想源头上消除贪腐的念头。要着眼于腐败问题的深层次原因，加强新时代廉洁文化建设，教育引导广大党员增强不想腐的自觉，清清白白做人、干干净净做事，使严厉惩治、规范权力、教育引导紧密结合、协调联动，引导广大党员自觉做忠诚干净担当的合格党员。

党的自我革命是我们党为跳出历史周期率找到的“第二个答案”。习近平总书记指出：“在新的历史条件下，要永葆党的马克思主义政党本色，关键还得靠我们党自己。所以，我在党的十九届六中全会上强调，我们党历史这么长、规模这么大、执政这么久，如何跳出治乱兴衰的历史周期率？毛泽东同志在延安的窑洞里给出了第一个答案，这就是只有让人民来监督政府，政府才不敢松懈。经过百年奋斗特别是党的十八大以来新的实践，我们党又给出了第二个答案，这就是自我革命。”[①] 进入新时代，我们就推进反腐败斗争提出一系列新理念新思想新战略，把全面从严治党纳入“四个全面”战略布局，探索出依靠党的自我革命跳出历史周期率的有效途径。党的二十大报告指出：“经过不懈努力，党找到了自我革命这一跳出治乱兴衰历史周期率的第二个答案，自我净化、自我完善、自我革新、自我提高能力显著增强，管党治党宽松软状况得到根本扭转，风清气正的党内政治生态不断形成和发展，确保党永远不变质、不变色、不变味。”党通过前所未有的反腐败斗争，赢得了保持同人民群众的血肉联系、人民衷心拥护的历史主动，赢得了全党高度团结统一、走在时代前列、带领人民实现中华民族伟大复兴的历史主动。

党的二十大报告指出：“全党必须牢记，全面从严治党永远在路上，党的自我革命永远在路上，决不能有松劲歇脚、疲劳厌战的情绪，必须持之以恒推进全面从严治党，深入推进新时代党的建设新的伟大工程，以党的自我革命引领社会革命。”中国共产党志在中华民族千秋伟业，百年只是起点，我们一定要在新征程上继续发扬自我革命的鲜明品格，永葆共产党人的先进性和纯洁性，勇担时代重任，不负人民嘱托，向着中华民族伟大复兴的中国梦，向着实现人民对美好生活的向往的目标而继续奋斗。

① 习近平：《更好把握和运用党的百年奋斗历史经验》，《求是》2022 年第 13 期。

第十二章

意气风发走向未来

党的二十大报告指出：“我们党立志于中华民族千秋伟业，致力于人类和平与发展崇高事业，责任无比重大，使命无上光荣。全党同志务必不忘初心、牢记使命，务必谦虚谨慎、艰苦奋斗，务必敢于斗争、善于斗争，坚定历史自信，增强历史主动，谱写新时代中国特色社会主义更加绚丽的华章。”过去 100 年，我们党向人民、向历史交出了一份优异的答卷。面向实现第二个百年奋斗目标新的赶考之路，我们要始终牢记党不断取得成功的基因密码，始终与全国各族人民紧密团结在一起，为全面建成社会主义现代化强国、实现中华民族伟大复兴的中国梦不懈奋斗。

「一」

牢记党的初心和使命

不忘初心，方得始终。中国共产党为中国人民谋幸福、为中华民族谋复兴的初心和使命，集中体现了党的性质宗旨、理想信念和奋斗目标。牢记党的初心和使命，是党员干部加强党性修养、永葆先进性和纯洁性的终身课题。唯有把党的初心、党的使命铭刻于心，人生奋斗才有更高的思想起点，才有不竭的精神动力。

把践行党的初心和使命作为人生奋斗的思想起点。党的初心和使命是共产党员人生奋斗的灯塔，指引着目标选择，决定着价值实现。在党的一大通过的纲领中，我们党明确把践行党的初心和使命作为每个党员的要求，强调“我们党承认苏维埃管理制度，要把工人、农民和士兵组织起来，并以社会革命为自己政策的主要目的”，“直至阶级斗争结束为止，即直到社会的阶级区分消灭为止，承认无产阶级专政”[①]。1944 年 9 月 8 日，毛泽东在延安中央警备团战士张思德追悼会上发表《为人民服务》的著名演讲，开门见山地指出：“我们的共产党和共产党所领导的八路军、新四军，是革命的队伍。我们这个队伍完全是为着解放人民的，是彻底地为人民的利益工作的。”[②] 这是对共产党人为什么要奋斗、为谁奋斗最为精辟的概括。100 多年来，一代又一代共产党人把为中国人民谋幸福、为中华民族谋复兴深深融入自己的精神血脉，作为人生奋斗的最高追求，在艰难困苦乃至生死考验面前都坚定不移、矢志不渝，从而把点点星火汇成燎原之势，驱散了旧中国的黑暗，照亮了新中国的光明。有了党的初心和使命的洗礼，人生的奋斗目标将更加纯净。1969 年 1 月，习近平同志来到陕西省延安市延川县文安驿镇梁家河村，开始了艰苦异常却受益终生的知青岁月。他不仅自觉接受艰苦生活的磨炼，还带领乡亲们打坝挑粪、修公路、建沼气，在这里加入中国共产党，又担任大队党支部书记，完成了人生的蜕变。习近平同志后

---

① 中国革命博物馆：《中国共产党党章汇编》，人民出版社 1979 年版，第 2、1 页。

②《毛泽东选集》第三卷，人民出版社 1991 年版，第 1004 页。

来动情地说:“我饿了，乡亲们给我做饭吃；我的衣服脏了，乡亲们给我洗；裤子破了，乡亲们给我缝。”① 正是在与劳动人民的朝夕相处中，正是在劳动人民的无私馈予中，习近平同志立下为祖国、为人民奉献自己的信念。他说:“15 岁来到黄土地时，我迷惘、彷徨；22 岁离开黄土地时，我已经有着坚定的人生目标，充满自信。作为一个人民公仆，陕北高原是我的根，因为这里培养出了我不变的信念:要为人民做实事！”② 怀着这样的信念，习近平同志始终与群众苦在一处、干在一起，一步步成长为党的领袖。“得其大者可以兼其小。”共产党人把个人梦融入中国梦，把人生进步融入国家发展，就会在服务人民、贡献社会中不断成长，成就精彩人生。

把践行党的初心和使命作为人生奋斗的精神动力。人是要有点精神的。在困难挫折面前，有精神风骨的人能够傲然挺立，反之则会被命运抛弃。1986 年，王继才带着妻子王仕花来到有着“海上布达拉宫”美誉的开山岛，但到了现场，才发现山上怪石嶙峋，既无泥土又无树木，淡水资源极度缺乏。在王继才来岛之前，已经有 4 批 10 多个守岛人离开。大家原以为王继才夫妇也坚持不了多久，却没想到他们一守就是 32 年。是什么力量使他们能够坚持下来？王继才曾经说过一句非常朴实的话:“家就是岛，岛就是国。开山岛虽小，却是祖国的东门，你不守我不守，谁守？”③ 为国家和人民守岛，正是他们 32 年奋斗的全部精神动力。在每个人的成长过程中，都会

① 孟利铮、李璇:《梁家河　初心从这里出发》，央视网 2018 年 7 月 8 日。

② 习近平:《我是黄土地的儿子》，《西部大开发》杂志 2012 年第 9 期。

③ 郑晋鸣:《那是一束光照耀灵魂——王继才夫妇坚守孤岛 28 年的爱国情怀感动江淮大地》，《光明日报》2014 年 8 月 27 日。

遇到艰难困苦和挑战挫折，共产党人唯有把党的初心和使命铭刻于心，才能以信仰之光照亮前行之路，在任何环境任何情况下都保持高昂的革命精神，不为狭隘私心所扰、不为荆棘坎坷所绊、不为浮华名利所累。

把践行党的初心和使命贯穿人生奋斗的全部过程。为了建立新中国，共有2100多万革命者捐躯，全国有名可查的和其家属受到优抚待遇的烈士就有370多万人。很多烈士人生虽然短暂，却忠实履行了党的初心和使命，使短暂的人生无比壮美。在南京雨花台牺牲的革命烈士中，年仅16岁的共青团员袁咨桐是年龄最小的一位。为了规避当时未满18岁不能判处死刑的法律规定，卑鄙的敌人将他的年龄改为18岁，然后残忍地杀害了他。牺牲前，袁咨桐给哥哥写了一封信，写道："一个人到了不怕死的地步，还有什么顾虑的？有了这种舍己为公奋斗的精神，还怕理想事业不能成功？我觉得自己的人生走得很美、很美！"[①] 这种为了初心和使命不惜牺牲的精神，正是无数革命者人生奋斗的一个缩影。当前，我们虽然不需要时刻面临战火硝烟和生死考验，但在新时代实现伟大梦想的征程中，仍然要不忘初心、牢记使命，仍然要锐意进取、埋头苦干，永葆蓬勃朝气，以永不懈怠的精神状态和一往无前的奋斗姿态，为全面建设社会主义现代化国家、实现第二个百年奋斗目标、实现中华民族伟大复兴的中国梦、实现人民对美好生活的向往而继续奋斗。

① 何建明：《纯美与壮美》，《人民日报》2014年4月3日。

〔二〕

把握历史发展大势

习近平总书记指出，“一个国家、一个民族要振兴，就必须在历史前进的逻辑中前进、在时代发展的潮流中发展”[①]。面对世界百年未有之大变局，面对纷繁复杂的国内外形势，我们唯有准确把握历史发展大势，积极顺应历史发展规律，才能紧紧抓住历史机遇，才能奋发有为、更好前进。

学好洞察历史大势的锐利武器。历史前进的逻辑、时代发展的潮流，从本质上说，就是马克思主义所揭示的人类社会发展的规律和趋势。这一规律，在人类历史上是由马克思、恩格斯第一次揭示的。1883 年 3 月 17 日，恩格斯在马克思墓前的讲话中，指出正像达尔文发现有机界的发展规律一样，马克思发现了人类历史的发展规律，即历来为繁芜丛杂的意识形态所掩盖着的一个简单事实：人们首先必须吃、喝、住、穿，然后才能从事政治、科学、艺术、宗教，等等。所以，直接的物质的生活资料的生产，因而一个民族或一个时代的一定的经济发展阶段，便构成基础。不仅如此，马克思还发现了由剩余价值所推动的资本主义社会的特殊的运动规律。正

① 习近平：《开放共创繁荣　创新引领未来——在博鳌亚洲论坛 2018 年年会开幕式上的主旨演讲》，人民出版社 2018 年版，第 5—6 页。

是由于唯物史观和剩余价值学说两个伟大发现，奠定了马克思主义科学性的基石，使社会主义从空想变成科学。我们党之所以能够在革命、建设、改革各个时期不断取得伟大胜利，从根本上说，就在于有马克思主义及其中国化理论成果的指导，就在于正确认识、把握和运用中国革命、建设、改革的规律，做到乘势而上、顺势而为。对于党员干部来说，学好马克思主义，当前最紧要、最迫切的就是要持续深入学好习近平新时代中国特色社会主义思想。习近平新时代中国特色社会主义思想是当代中国马克思主义、21世纪马克思主义，是中华文化和中国精神的时代精华，实现了马克思主义中国化时代化新的飞跃。只有把习近平新时代中国特色社会主义思想学懂弄通做实，才能深刻理解今天的中国、准确预见未来的中国，把准干事创业的大方向、人生发展的大航向。

树立大历史观。习近平总书记强调，“树立大历史观，从历史长河、时代大潮、全球风云中分析演变机理、探究历史规律，提出因应的战略策略，增强工作的系统性、预见性、创造性”[①]。大历史观，就是坚持历史唯物主义和辩证唯物主义的观点和方法，从历史长河的大尺度中分析历史，从时代大潮的大趋势中把握历史，从全球风云的大激荡中创造历史。第二次世界大战结束以后，全球陷入以美国为首的北约和以苏联为首的华约两大阵营的“两极对抗”之中。西方资本主义国家在保持对社会主义国家武力威慑的同时，大力推进“和平演变”战略，否定马克思主义、否定科学社会主义发展史、

① 习近平：《在党史学习教育动员大会上的讲话》，人民出版社2021年版，第14页。

否定社会主义国家发展成就等历史虚无主义思潮，在西方国家有计划有步骤的推动下，逐渐在苏联和东欧社会主义国家流行。在苏联解体前，其意识形态领域充斥着历史虚无主义的各种论调，否定苏联共产党历史、污蔑苏联英雄成为风气，斯大林被说成是暴君、独裁者，“苏联英雄”卓娅甚至被无端质疑为“罹患精神分裂症”。对此，习近平总书记曾经深刻地指出：“苏联为什么解体？苏共为什么垮台？一个重要原因就是意识形态领域的斗争十分激烈，全面否定苏联历史、苏共历史，否定列宁，否定斯大林，搞历史虚无主义，思想搞乱了，各级党组织几乎没任何作用了，军队都不在党的领导之下了。最后，苏联共产党偌大一个党就作鸟兽散了，苏联偌大一个社会主义国家就分崩离析了。”[①] 历史的教训极其深刻。当前，美国等西方资本主义国家不甘心其自身实力的逐渐衰落，到处对中国的发展壮大添乱子、使绊子，其在意识形态领域的渗透更是不遗余力，历史虚无主义更是他们的重要手段。对此，党员干部应高度警惕，切实树立大历史观，用全面、翔实、准确的历史资料，还原历史真相，凝聚人心共识。

站在历史正确的一边。2021 年 10 月 25 日，中华人民共和国恢复联合国合法席位 50 周年纪念会议隆重召开。习近平总书记提出了世界各国应该顺应历史大势的 5 点倡议，号召“站在历史正确的一边，站在人类进步的一边”。站在历史正确的一边，就是要主动顺应时代潮流。虽然当今世界并不太平，霸权主义、强权政治依然存

① 中共中央文献研究室编：《十八大以来重要文献选编》（上），中央文献出版社 2014 年版，第 113 页。

在，保护主义、单边主义不断抬头，传统安全和非传统安全问题复杂交织，但是与历史上动荡不安的时代相比，人类社会是大大进步了，和平与发展仍然是时代主题。特别是随着世界多极化、经济全球化、社会信息化、文化多样化深入发展，和平、发展、合作、共赢的时代潮流更加强劲。这就要求我们坚持发展仍是解决我国所有问题的关键这个重大战略判断，始终以经济建设为中心，发挥经济体制改革牵引作用，推动经济社会持续健康发展。站在历史正确的一边，就是要积极推进构建人类命运共同体。马克思认为未来社会将是"自由人的联合体"，构建人类命运共同体是人类社会发展的必然方向。我们要高举和平、发展、合作、共赢的旗帜，无论国际形势如何变化，无论自身如何发展，我们都永不称霸、永不扩张、永不谋求势力范围，以中国智慧、中国力量、中国贡献，不断推动建设相互尊重、公平正义、合作共赢的新型国际关系。

[三]

埋头苦干抓好落实

"道虽迩，不行不至；事虽小，不为不成。"每一项事业，不论大小，都是靠脚踏实地、一点一滴干出来的。党员干部要发扬求真务实精神，面向实际、深入实践，不驰于空想，不骛于虚声，在一分耕耘一分收获中干出一番事业。

把志存高远与立足实际结合起来。诸葛亮曾告诫其外甥："夫志当存高远。”高度决定态度，态度决定成就。只有确立了崇高的人生理想，人的一辈子才不会像“无舵之舟，无衔之马”，才能把命运的缰绳紧紧攥在自己的手里。对于党员干部来说，应当有更高的人生志向，要始终把全心全意为人民服务作为成就事业、实现抱负的根本指向。“时代楷模”黄文秀2016年从北京师范大学研究生毕业后，主动放弃大城市工作机会，毅然回到家乡，积极响应组织号召，到乐业县新化镇百坭村担任驻村第一书记。她埋头苦干，带领88户418名贫困群众脱贫。2019年6月17日凌晨，她在从百色返回乐业途中遭遇山洪不幸遇难，献出了年仅30岁的宝贵生命。习近平总书记对黄文秀的先进事迹作出了重要指示，赞扬她“在脱贫攻坚第一线倾情投入、奉献自我，用美好青春诠释了共产党人的初心使命，谱写了新时代的青春之歌”[①]。黄文秀用自己短暂而精彩的生命诠释了新时代中国共产党人的人生理想和人生境界。千里之行，始于足下。在确定远大志向之后，还需要用点滴付出来成就。北宋著名学者司马光，从小立下做大学问的志向，在编写300多万字的中国第一部编年体通史——《资治通鉴》时，他每天五更时分就起床写作，一直到深夜。为了充分利用时间，他专门用一根圆木做枕头，当枕头滚动把他从睡眠中惊醒时，就继续写作。这个枕头，被司马光称为“警枕”。加拿大作家马尔科姆·格拉德威尔提出了著名的“一万小时定律”，认为“人们眼中的天才之所以卓越非凡，并非天资超人一等，而是付出了持续不断的努力。1万小时的锤炼是任何人从平凡变成世界级大师的必要条件”。天上不会掉馅饼，努力奋斗才能梦

①《不忘初心牢记使命勇于担当甘于奉献　在新时代的长征路上做出新的更大贡献》,《人民日报》2019年7月2日。

想成真。要实现远大志向，就要付出辛劳。当前，我们党正带领人民向着实现第二个百年奋斗目标前进，我们既要有一往无前的万丈豪情，更要有点滴奉献的默默付出，由此才能汇聚成推动中国不断前进的强大动力。

努力在基层一线成长成才。自古以来，基层一线就是人才脱颖而出的地方。“舜发于畎亩之中，傅说举于版筑之间，胶鬲举于鱼盐之中，管夷吾举于士，孙叔敖举于海，百里奚举于市。”这些中国历史上的名人，无不在社会最底层积累了人生成长所必需的意志和能力。“杂交水稻之父”袁隆平院士一辈子与稻田结下不解之缘，23岁的他从重庆相辉学院农学系毕业后，便开始坚持下田育种，直到91岁依旧保持着每天下田的习惯。他说：“梦见禾下乘凉，就是我最幸福的时候。”由于长年在田间地头，他的皮肤晒得黝黑，腿上全是被划伤或蚊虫叮咬的痕迹，而他的收获也是满满的，发明“三系法”籼型杂交水稻，成功研究出“两系法”杂交水稻，创建了超级杂交稻技术体系，先后获得“国家特等发明奖”“首届最高科学技术奖”和联合国“科学奖”、“沃尔夫奖”、“世界粮食奖”等诸多大奖。“宰相必起于州部，猛将必发于卒伍。”基层问题多、矛盾集中，党员干部的压力大、责任重、头绪多，是党员干部磨炼心性、增长才干的良好舞台。注重在基层一线和困难艰苦的地方培养锻炼干部，是我们党人才工作的一项重要原则。党员干部只有多在事上磨、多在苦中练，才能见识世面、增长才干，关键时刻才能勇挑重担。2015年，中共中央表彰了102位全国优秀县委书记，他们都是长期扎根基层一线的优秀干部。现在，他们中的大部分人都已经得到了进一步的提拔重用。

把小事当大事干。2020年9月17日，习近平总书记在基层代表座谈会上的讲话中强调，“注重学习提升，矢志艰苦奋斗，从一点一滴做起，把小事当大事干，踏踏实实把正在做的事情做好，靠勤劳双手成就属于自己的人生精彩”[①]。2020年5月，只有高中学历的快递小哥李庆恒被杭州市评为“高层次人才”，直接落户杭州，不仅可以优先摇号选房，还能领取100万元的购房补贴、3万元车牌补贴，此事引发了热议。李庆恒的成功不是偶然的。从入职开始，他就没有看低快递职业，看低人生定位，而是刻苦钻研业务技能，几乎每年都参加快递员相关比赛，得过很多荣誉。2019年8月，李庆恒带队参加浙江省第三届快递职业技能竞赛，获得第一名。对于绝大多数党员干部而言，都没有处在声名显赫、一呼百应的岗位，也难以创造轰轰烈烈、博人眼球的事迹，如何在平凡的岗位上创造不平凡的业绩，是对党性素养和能力水平的综合考验。一个人的成功因素有很多，而几乎所有取得成功的人，都热爱自己的事业，即使在极其平凡的岗位上，也要努力创造出不平凡的业绩。全国劳模、中国建筑一局塔吊工人王华，从一名普通农民工成长为能够精准“盲吊”的高手。他说：“我热爱高高的塔机，喜欢它那长长的铁臂、炽热通往天路的神梯，热爱钢铁般的气息。”实践表明，以什么样的态度对待工作，成效大不一样。一个党员就是一面旗帜，一个岗位就是一份责任。面对党组织交给的任务，我们要认真对待，全力投入，坚决克服“得过且过”“差不多、过得去”等错误思想，始终保持精益求精的工匠精神，以出色的工作业绩赢得党和人民的肯定。

① 习近平：《在基层代表座谈会上的讲话》，人民出版社2020年版，第9页。

后 记

方向决定道路，道路决定命运。党的百年奋斗开辟了实现中华民族伟大复兴的正确道路。这是我们党百年奋斗的重要历史意义之一。它深刻揭示过去我们为什么能够成功、未来我们怎样才能继续成功，为我们在新的征程上更加坚定、更加自觉地坚持中国特色社会主义道路指明了前进方向。本书深度解读党的成功密码，立体展现党的光辉形象，为党员干部进一步坚定对马克思主义的信仰、对社会主义和共产主义的信念、增强“四个意识”、坚定“四个自信”、做到“两个维护”提供理论支持。

本书第一章、第六章、第十二章由国防大学政治学院陈小明同志撰写，第七章、第九章、第十一章由陆军炮兵防空兵学院南京校区时晨同志撰写，第五章、第八章、第十章由国防大学政治学院刘鹏同志撰写，第二章、第三章、第四章由国防大学政治学院苏玉同志、卓世雄同志撰写。陈小明同志负责统稿。

本书编写得到了国防大学学科学术带头人洪保秀教授的大力支持和帮助。

由于时间仓促，本书难免有疏漏和不足之处，恳请广大读者指正。